무엇을 바라볼 것인가

무엇을 바라볼 것인가

1판 1쇄 인쇄 2024년 5월 16일
1판 1쇄 발행 2024년 5월 29일

지은이 박종규
발행인 김정경
책임편집 김광현 **마케팅** 김진학 **디자인** 문성미

발행처 터닝페이지
등 록 제2022-000019호
주 소 04793 서울 성동구 성수일로10길 26 하우스디 세종타워 본동 B1층 101/102호
전 화 070-7834-2600
팩 스 0303-3444-1115
대표메일 turningpage@turningpage.co.kr
인스타그램 www.instagram.com/turningpage_books
페이스북 www.facebook.com/turningpage.book

ISBN 979-11-93650-07-3 (03320)

OPPENHEIMER

천재들을 이끈 오펜하이머 리더십

무엇을 바라볼 것인가

박종규 지음

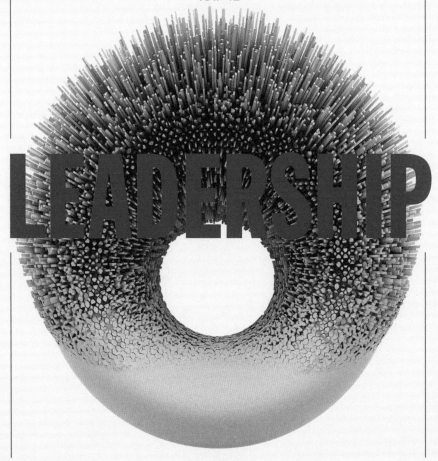

LEADERSHIP

터닝페이지

《무엇을 바라볼 것인가》는 '오펜하이머'라는 역사를 바꾼 인물의 탁월한 리더십을 독자에게 고스란히 전한다. 평범하고 모순을 가지고 있던 오펜하이머는, 리더로서 자신의 문제를 인정하며 균형을 잡아간다. 그는 리더로서 과연 무엇을 바라보고 있었을까? 역사적 인물을 통해 보여주는 리더 이야기이기에 가슴에 편하게 다가온다. 현재 리더이거나 미래에 리더가 되고픈 독자에게 강력한 영감을 주는 책이다.

— 장동철(《제법 괜찮은 리더가 되고픈 당신에게》 저자, 전 현대자동차그룹 부사장)

리더는 타고나는 게 아니라 만들어진다. 그리고 리더십 개발은 짧은 순간에 끝나는 이벤트가 아니다. 한 개인이 훌륭한 리더로 성장하는 과정을 살펴보면, 다양한 경험을 쌓고 여러 가지 어려움을 헤쳐 나가는 긴 여정이란 것을 알 수 있다. 《무엇을 바라볼 것인가》는 평범한 사람이었던 오펜하이머가 탁월한 리더로 변해가는 과정을 구체적인 사례를 통해 알려준다. 또 이 책은 효과적인 리더십의 본질이 무엇인가를 명쾌하게 제시하고 있다. 리더가 되고자 하는 모든 분들께 강력히 추천한다.

— 차동옥(한국리더십연구원 원장, 성균관 대학교 경영대학 명예교수)

IT 기업에서 30년 이상 인사업무를 담당하면서 엔지니어링 분야의 리더십과 조직관리는 늘 숙제였다. 영화 〈오펜하이머〉를 보고 많은 것을 느꼈다. 조직관리 경험이 전혀 없던 오펜하이머가 3년간 20억 달러를 투입한 초대형 국가 과제의 총책임자로서, 인류 역사에 남은 성공을 거두었기 때문이다. 마침 저자가 자신의 20년 간의 리더십 연구를 바탕으로 현실에서 부닥치는 다양한 리더십 문제들을, '오펜하이머'라는 인물을 매개로 하여 재미있고 쉽게 풀어냈다. 《무엇을 바라볼 것인가》는 리더가 되길 원하거나 큰 성취를 이루길 꿈꾸는 많은 독자들이 바라봐야 할 지향점이자 실천가이드가 될 책이다.

— 김선식(숙명여자 대학교 특임교수, 전 삼성전자 인사담당 부사장)

그는 역사상 가장 많은 돈과 지식이 투입된 맨해튼 프로젝트를 성공적으로 이끈 리더이다. 뛰어난 리더도 평범한 사람이고, 탁월한 리더가 되기까지 앞길을 막는 수많은 장애물을 극복해야 한다. 오펜하이머는 다루기 어려운 다양한 개성을 가진 팀원들을 모집하고, 이들의 잠재력을 최대한 끌어올려 탁월한 성과를 달성했다.《무엇을 바라볼 것인가》는 개개인의 잠재력을 최대한 이끌어내고, 탈권위적인 리더의 모습을 보여준 오펜하이머의 삶을 통해, 우리 시대의 진정한 리더의 모습을 보여주는 책이다. 최고경영자는 물론 직장인과 학생에게도 강력히 추천하고 싶다

— 윤동열 (건국 대학교 경영학과 교수, 제35대 대한경영학회 회장)

누구나 리더가 될 수 있다. 하지만 훌륭한 리더가 되는 것은 쉽지 않다. 리더의 길은 수많은 노력과 고민, 시행착오의 연속이라고 해도 과언이 아니다.《무엇을 바라볼 것인가》는 더 나은 리더가 되고자 하는 많은 사람들에게 지침서 역할을 할 책이다. 또 완벽한 리더는 없고, 늘 자신을 성찰하고 부단히 자신을 개발하려 노력하는 사람만이 탁월한 리더가 될 수 있다는 것을 '오펜하이머'의 예를 통해 일깨워 주는 책이다. 오늘도 리더십의 최전선에서 고민하고 있는 많은 이들에게 꼭 추천한다.

— 류정우 (펜실베이니아주립 대학교 두보이즈 캠퍼스 총장)

세상이 빠르게 변하고 있고, 변하는 세상에 걸맞은 진짜 리더십은 점점 찾기 어려워지고 있다. 조직은 점점 축소되면서 총책임자인 리더 한 명의 가치는 오히려 더 중요해지고 있다. 저자는《무엇을 바라볼 것인가》에서 이렇게 중요한 리더의 자질은 타고나는 게 아니라, 노력과 성찰을 통해 연마할 수 있다는 것을 역사적 인물인 '오펜하이머'에 대한 상세한 연구와 분석을 통해 밝혀냈다. 수많은 번민과 인간적 모순 속에서 끊임없이 성장해가며 탁월한 리더십을 발휘한 오펜하이머의 여정을 통해서, 리더로서 우리가 앞으로 나아가야할 방향을 발견할 수 있을 것이다.

— 나성민 (IMM 인베스트먼트 전무, 그로쓰에쿼티 투자 본부장)

리더가 훌륭하면 조직도 훌륭해진다. 하지만 수많은 리더들이 훌륭한 리더가 되는 길목에서 좌절한다. 리더의 앞길을 막는 장애물들은 다양하다. 사람들 사이의 관계, 위로부터 오는 성과압박, 자꾸 좌초되는 프로젝트들. 오펜하이머도 이런 현실에 맞닥뜨렸다. 하지만 오펜하이머는 어려운 현실을 완벽히 극복하고, 결국 만인에게 칭송받는 리더가 됐다. 《무엇을 바라볼 것인가》에는 평범한 물리학자에서 탁월한 리더로 변모한 오펜하이머가 만든 리더십론이 완벽히 담겨있다. 훌륭한 리더가 되고 싶은 모두에게 강력 추천하고 싶은 책이다.

— 정지영(삼정 KPMG 인사·조직 컨설팅 전무)

MZ세대, 긱이코노미, 더 나아가 생성형 인공지능까지, 그 어느 때보다도 조직과 일하는 방식이 크게 변하고 있다. 저자는 리더십 전문가로서, 또 과거 컨설턴트로서의 지식과 경험을 제대로 발휘해 이 대변혁의 시대에 필요한 리더십론을 하나하나 빠짐없이, 이해하기 쉽게 설명하고 있다. 《무엇을 바라볼 것인가》는 리더십이 무엇인가에 대한 기본적 이해와 더불어 밀레니얼 이후 조직 개발을 이끌어온 리더십 핵심 개념들을 제대로 이해할 수 있는, 반드시 읽어야 할 책이다.

— 한광모(Mercer Korea 부사장, 커리어디지털컨설팅 본부장)

모든 경영 트렌드가 빠르게 변한다. 특히 최근 성공하는 리더십을 위해서는 MZ세대, 챗GPT 등 제대로 알아야 할 것이 넘쳐난다. 그 가운데 늘 변하지 않고 고민하게 만드는 것이 바로 '사람'이다. 결국, 성공적인 리더십을 발휘하는 것은 리더인 자기 자신을 잘 아는 것에서 시작된다. 《무엇을 바라볼 것인가》는 완벽하지는 않았지만, 결국 성공한 리더 '오펜하이머'를 통해 자기 자신을 돌아보게 하고, 더 나은 리더가 되게 만든다.

— 김용근(포스코 기업시민전략 그룹장, 포스텍 기업시민연구소 부소장·겸직 교수)

이 책은 영화로 잘 알려진 '오펜하이머'의 이야기를 통해 리더십의 다양한 주제들을 흥미롭게 풀어낸다. 리더라면 묵직하게 다가오는 윤리적 딜레마와 결단력 있는 결정의 중요성을, 또 리더가 직면하는 내면의 갈등과 심리적 부담을, 오펜하이머의 실제 경험에 비추어 심도 있게 탐구한다. 아울러 리더의 자기 인식이 어떻게 팀과 조직, 나아가 사회에 영향을 주는지, 변화관리와 위기상황에선 어떤 리더십이 필요한지를 다양한 인물과 사례를 통해 생동감 있게 전달한다. 영향력 있는 리더가 되고자 하는 경영자는 물론, 리더의 길을 준비하는 모든 이에게 추천한다.

— 윤승원(텍사스A&M대학교 교수)

추천사 · 004
프롤로그_리더십을 향한 여정 · 013

뛰어난 리더도 사람이다
—
미숙했던 오펜하이머

1장_구리선도 땜질할 능력이 없다는 게 날 미치게 만든다
#질투 #시기심 #자존감   · 025

2장_현명하지만 그보다 더 멍청할 수 없다
#모순 #양면성 #다면적 #입체적   · 041

3장_아인슈타인은 완전히 맛이 갔어
#오만 #겸손   · 051

4장_내가 존경하는 사람은 눈물을 흘릴 줄 아는 사람이야
#감성지능 #사회성 #자기인식   · 065

5장_그는 싫어하고 재능도 없는 실험 물리학을 포기했다
#긍정심리학 #강점탐구   · 077

6장_제길, 나는 이 나라를 사랑한단 말이야
#오너십 #로열티   · 089

PART 2

탁월한 리더는 만들어진다
—
새로 태어난 오펜하이머

7장_ 그걸 나치가 먼저 가지면 어떻게 되겠어?
#비전창조 #일의 의미 #의미와 목적창조 · 109

8장_ 그는 천재입니다
#전문성 #문제해결력 · 119

9장_ 그의 정신과 언어와 태도가 카리스마를 만들었다
#카리스마리더십 #변혁적리더십 · 129

10장_ 내가 알던 그가 아니다
#변화 #변화관리 · 141

11장_ 망할 놈의 조직도를 만들어 주지
#조직설계 #업무분장 · 151

12장_ 갑자기 파인만을 데리고 왔다
#인재선발 #채용 · 163

PART 3

훌륭한 리더는 사랑받는다

—

모두가 원하는 사람이 된 오펜하이머

13장_ 우리는 완벽하지는 않지만 빠르게 일했다
#프로젝트관리능력 #민첩성 #애자일방식 ·175

14장_ 그는 인문학으로 가득 차 있다
#통섭 #창의융합인재 #르네상스맨 ·189

15장_ 결국, 진정성이다
#진성리더십 #진정성 ·201

16장_ 그와 함께 있으면 우리도 탁월해졌다
#인플루언스 #리더십로맨스 ·217

17장_ 그는 우리가 중요한 일을 하고 있다고 믿게 만들었다
#몰입 #구성원참여 #참여경영 ·227

18장_ 비밀주의는 위험하다
#열린마음 #개방성 #투명성 ·241

19장_ 그와 그로브스의 하모니
#리더십듀오 #공동의리더십 ·253

PART 4

진짜 리더는 숨지 않는다
—
전부 꺼내보였던 오펜하이머

20장_그는 소탈했다
#집단지성 #분권적리더십 #수평적리더십 #공유리더십 ·265

21장_그는 다른 사람들이 무엇을 원하는지 알고, 그것을 해 주었다
#인지된리더십 #상황적리더십 #강강약약 ·273

22장_우리는 토요일마다 파티를 벌였다
#탈권위적리더십 #웰빙 ·287

23장_그는 우리 모두가 서로 다르단 걸 알았다
#다양성 #형평성 #포용성 ·299

24장_그는 고정관념에 얽매이지 않았다
#젠더 #고정관념 ·309

25장_그로브스는 빌어먹을 놈이지만 솔직했다
#추진력 #조직운영능력 #권한위임 ·323

에필로그_다른 선택을 내릴 수 있는 용기 ·335
참고문헌 ·340

리더십을 향한 여정

| 왜 오펜하이머인가? |

전 세계 약 오천만 명 이상의 관객을 모은 크리스토퍼 놀란 감독의 영화 〈오펜하이머〉는, 2023년 7월 개봉 이후 지금까지 미국 아카데미 영화상, 골든글로브, 영국 아카데미 영화상, 미국 제작자/감독/촬영/편집 조합상 등 수많은 상을 받으며 흥행성과 작품성 모두를 인정받았다.

영화 〈오펜하이머〉는 놀란이 만든, 과학자에 대해 그린 첫번째 전기 영화이다. 놀란 감독의 이전 영화들 중에는 과학이나 물리학을 알고 보면 더 재미있게 볼 수 있는 〈인터스텔라〉, 〈테넷〉 같은 영화들도 있었기 때문에, 그가 원자폭탄을 개발한 물리학자, '줄리어스 로버트 오펜하이머' 박사에 관한 영화를 만든다고 했을 때, 많은 사람들은 핵폭탄이나 양자물리학의 기본 원리 정도는 알고 관람해야 하는 건 아닌지 생각했던 것 같다.

나도 같은 생각을 가지고 영화관을 찾았지만, 영화를 보고 난 후의 생각은 좀 달랐다. 영화 〈오펜하이머〉는 오펜하이머라는 한 인물이 핵폭탄을 만드는 과정, 그리고 핵폭탄을 만든 후의 선택과 고뇌를 그린 영화였다. 놀란 감독 역시 인터뷰를 통해, 캐릭터를 좀 더 객관적으로 볼 수 있게 해주는 영화라는 매체를 통해, 관객들이 오펜하이머의 모순과 딜레마로 가득 찬 생각과 감정을 다양한 관점에서 보고 이해할 수 있기를 바란다고 이야기했다.

그런데 왜 하필 '오펜하이머'일까? 그의 서사가 많은 사람들의 흥미를 끈다는 것도 사실이지만, 내가 생각한 답은 '그'가 '우리와 닮아 있기 때문이다'이었다. 구체적으로는 오펜하이머가 우리와 크게 다르지 않았던 한 사람의 '리더'였다는 점이다. 인류 최초로 핵폭탄 개발을 성공시킨 천재과학자와 우리가 닮았다는 것이 말이 안 되는 것처럼 들릴 수도 있다. 하지만 오펜하이머와 관련한 여러 자료들을 찾아보면서, 그가 다른 천재들이나 전형적인 위인과는 다른 복잡하고 모순으로 가득 차 있는 우리 같은 사람이었다는 것을 깨달았다. 그렇게 인간적이고 입체적인 오펜하이머였기 때문에, 그에게 묘한 동질감과 위로를 느끼면서 빠져들 수밖에 없는 건 아닌지 생각해 보았다. 게다가 인간적인 결함과 수많은 난관을 극복하고, 당대 최고의 과학자들을 이끌어 인류 최초로 핵폭탄 프로젝트를 성공으로 이끈 뛰어난 리더로서의 면모는 그에게 더 큰 매력을 느끼게 만든다.

이렇게 흥미로운 서사와 매력적인 캐릭터를 가진 오펜하이머의 이야기는 영화나 원작 책뿐 아니라 오래 전부터 다양한 매체를 통해 조명받아 왔다. 예를 들어, 그를 주인공으로 한 〈J. 로버트 오펜하이머에 관하여〉라는 연극이 프랑스, 이탈리아, 스위스, 독일 등에서 공연되었고, 로스앨러모스 연구소를 배경으로 한 〈원자력 박사〉라는 오페라가 2005년에 초연되기도 했다. 오펜하이머와 그의 삶을 직접 다룬 책만 하더라도 몇 권이 있다. 그 이야기들 속에서 로스앨러모스 연구소장으로서 그의 역할과 성과를 일부 발견할 수 있었지만, 오펜하이머가 어떤 구체적인 방식으로 효과적인 리더십을 발휘해서 결국 핵폭탄 개발을 성공시켰고, 왜 종전 후에는 핵확산 반대를 위해 또 다른 영향력을 행사하게 되었는지 리더십의 관점에서만 온전히 바라본 책은 없었다.

목표를 달성하기 위해 리더가 자신의 심리, 말, 행동 등을 통해 주변 사람들에게 영향력을 행사하는 과정을 리더십이라고 정의할 수 있다. 그래서 오펜하이머가 가졌던 모순과 딜레마, 그리고 그가 다른 사람들을 대한 여러 이야기들을 포함한 자료들을 리더십이라는 렌즈를 통해 다양한 해석이 가능하겠다는 생각이 들었다. 무엇보다도, 한 사람의 리더십에 대한 온전한 평가는 그 리더십의 영향력을 직접 받은 이들만이 가능하다. 그와 함께 일했던 많은 이들이 남긴 오펜하이머에 대한 기록과 증언이 많기 때문에 가능한 일이기도 하다.

| 리더십을 위한 '모순'과 '인정' |

이 책은 리더십의 관점에서 오펜하이머라는 한 인물에 대해 살펴보면서, 우리가 그에게 배우고 또 현장에 적용해 볼 수 있는 여러 리더십 주제들을 다루고 있다. 그 주제들의 기본 전제가 되는 가장 중요한 키워드 두 가지는 '모순'과 '인정'이다.

오펜하이머는 모순적인 사람이었다. 천재적이고 이성적인 물리학자였지만 시기심과 분노에 사로잡혀 독사과로 지도교수를 해치려고 한 적도 있고, 본래 예민하고 내성적인 성격을 가졌지만 자신이 맡은 리더로서의 역할을 잘 수행하기 위해 외향적이고 대담하게 행동하기도 했다.

오펜하이머는 단순한 과학적 지식 추구만이 아닌, 그 지식이 사회에 미치는 영향에 대해 윤리적인 책임감을 가져야 한다고 목소리를 높였다. 한편 핵폭탄으로 어떻게 하면 더 많은 사람들을 죽일 수 있는지 고민하기도 했고, 또 불륜을 저지르기도 했다. 그리고 오펜하이머가 보인 가장 큰 모순은 핵폭탄을 개발한 주역인 그가 종전 후에는 핵폭탄을 반대했다는 사실이다.

사실 양면성이나 다면성이라고도 불리는 모순성은, 인간은 누구나 가지고 있는 보편적인 특징 중 하나다. 완벽한 성인聖人이 아닌 이상, 아무리 최선을 다한다고 해도 누구도 자신의 감정이나 믿음, 그리고 욕망 안에서 일어나는 갈등에서 완벽히 자유롭지는 않다. 이런 모순적인 특징을 가진 사람을 '인간적이다' 혹은 '입체적이다' 라고 말한다.

오펜하이머가 보인 모순들이 모두 바람직하다는 것은 물론 아니다. 다만 그가 보인 모순의 핵심, 다시 말해 핵폭탄 개발 전과 후에 서로 다른 입장을 취했다는 사실을 단순히 그가 앞뒤가 안 맞는 행동을 한 것으로만 치부하는 것은 잘못된 판단이다. 오펜하이머는 과거의 자신이 내린 선택으로 인해 만들어진 핵폭탄이 미래에 가져올 더 큰 위협에 대해 솔직하고 진지하게 직면했다. 과거의 자신이 만든 현재 상황에 책임감을 느끼며, 모순된 인간이라고 손가락질과 미움을 받는 위험을 감수하며 현재의 자신이 더 나은 미래를 위해 할 일을 했다. 즉 핵확산 반대와 군축을 주장한 것이다.

이 어려운 선택은 오펜하이머가 자신이 가진 모순을 받아들이고, 핵폭탄을 만들 수밖에 없었던 과거의 자신과, 핵폭탄을 반대할 수밖에 없는 현재의 자신을 모두 인정했기 때문에 가능했다. 자신이 가진 모순을 받아들인다는 것. 다시 말해 자신도 모순으로 가득 차 있는 한 인간이라는 것을 깨닫고 인정하는 것은 자신이 그 모순 사이에서 결국 무언가를 선택해야만 한다는 사실과 연결된다. 그리고 모순을 인정하는 사람은 그 모순이 발생하는 이유에 대해 고민하면서 그 모순 사이의 간극을 조금이라도 더 좁히거나 혹은 모순된 것들 사이에서 새로운 균형을 찾을 수 있는 더 나은 선택을 할 것이다.

그렇기 때문에 자신이 가진 모순을 인정하고, 모순을 극복하려는 노력은 나와는 다른 사람을 인정하는 첫걸음이기도 하다. 타인을 인정하는 것은 나와 다른 생각이나 의견을 가진 사람이 무작정 틀렸다고 하는 것이 아니다. 단지 나와 다르다는 사실을 받아들이는 것이다. 자신의 모순을 인정한 사람은 타인도 자신의 모순 속에서 나와 다른 선택을 했다는 것을 이해할 가능성이 높다.

그리고 이 타인에 대한 인정은 좋은 리더십을 꽃피우는 가장 중요한 자양분이다. 누군가의 리더십을 평가할 수 있는 사람은 오직 그 리더십의 영향을 받는 이들이라는 점에서, 부하직원들의 인정은 매우 중요하다. 부하직원들에게 좋은 리더라고 평가받고 인정받고 싶다면, 내가 먼저 그 부하직원들을 있는 그대로 인정하는 것부터 시작할 수 있다. 예를 들어, 나와 너무나도 달라 이해하기 어려운 MZ세대 부하직원도 나와 똑같이 내면의 모순 속에서 갈등을 겪는 사람일 뿐이고, 단지 나와는 다른 입장과 관점을 가지고 있다고 인정할 수 있을 때, 그들에게 딱지를 붙이며 "도대체 MZ들은 왜 그래"라고 싸잡아 비난하는 일은 없을 것이다.

| 다시, 오펜하이머 |

오펜하이머는 1954년 청문회를 통해 그가 자문위원장을 맡고 있던 원자력에너지위원회에서 과거 행적이 낱낱이 왜곡되면서 파헤쳐지고, 결국 쫓겨나는 수모를 겪으면서도 마치 순교자처럼 그 결과를 묵묵히 받아들였다. 당연히 상처받고 고통스러웠겠지만, 누구에게나 있는 모순 속에서 자신과는 다른 선택을 한 사람들과 그 당시 처한 현실을 받아들였다.

지난 2022년 12월, 미국 정부는 1954년 청문회에서 오펜하이머에게 내린 보안인가취소는 부당했다고 판단하고 그 결정을 취소했다. 오펜하이머의 비밀취급인가가 취소된 지 68년 만에, 그리고 1967년 오펜하이머가 세상을 떠난 지 55년 만에 마침내 그에 대한 공식적인 복권이 이루어진 것이다.

영화 〈오펜하이머〉 끝의 한 장면에서, 1954년의 청문회 결과가 내려진 다음 "그렇게 혹독한 벌을 묵묵히 견디면 세상이 당신을 용서할 것 같아?"라는 아내 키티의 울음 섞인 힐난에 오펜하이머는 "두고 보면 알겠지"라고 조용히 답한다. 오펜하이머의 이 짧은 말 속에는 시간이 지나면 결국 진실은 밝혀진다는 것과 자신의 선택은 틀리지 않았고, 그 선택을 후회하지 않는다는 굳은 의지가 담겨있다. 오펜하이머는 자신의 내린 선택과 행동이 다시 평가되고 재조명될 것을 알고 있었다. 오펜하이머의 믿음은 틀리지 않았다. 오펜하이머의 리더십을 평가하고 재조명하는 이 책으로, 오펜하이머가 그랬던 것처럼, 우리 역시 자신의 모순을 이해하고 또 극복하려는 노력을 통해, 타인까지도 인정할 수 있는 더 나은 사람이자 더 나은 리더가 될 수 있는 길을 찾을 것이다.

OPPENHEIMER

Part 1

뛰어난 리더도
사람이다

_

미숙했던 오펜하이머

LEADERSHIP

질투   시기심   자존감

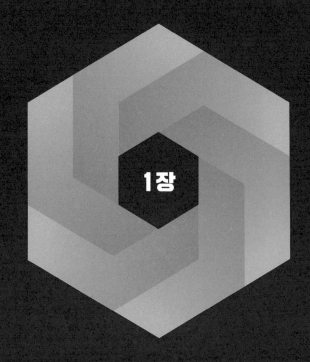

1장

구리선도
땜질할 능력이 없다는 게
날 미치게 만든다

chapter. 1

　부러움은 내가 가지고 싶은 것을 나는 못 가졌지만 다른 사람은 가지고 있을 때 생긴다. 내가 더 많이 가지기를 원하는 무언가를 상대방이 더 많이 가지고 있을 때도 우리는 누군가를 부러워한다. 어떤 경우에는 다른 사람을 단순히 부러워하는 것을 넘어 시기와 질투를 느낄 때도 있다. 부러움과 시기, 그리고 질투는 종종 비슷한 맥락에서 사용된다. 하지만 부러움은 그 대상을 인정하는 데 초점이 맞춰져 있는 데 반해, 시기나 질투는 부러움의 단계를 넘어 상대방이 뛰어나서 내 마음이 괴롭거나 혹은 상대방이 더 잘났다는 것을 인정하지 않으려는 마음까지 포함한다.

　이렇게 부러움과 시기심, 질투심은 비교를 전제로 한 상대적인 개념이기 때문에, 남들보다 잘났거나 뛰어난 사람들은 부러움이나 시기 혹은 질투에서 좀 더 자유로울 것 같기도 하다. 아무래도 그런 사람들은 자신보다 더 뛰어난 사람들보다는 부족한 이들이 더 많다는 것을 알고 있기 때문에, 적어도 부러움이라는 감정보다는 자신의 우월함을 느끼는 감정이 더 클 것이라고 추측할 수 있다.

이건 오해다. 적어도 오펜하이머의 경우를 보면 그랬다. 원자폭탄의 아버지라고 불리고, 아인슈타인만큼이나 널리 알려진 물리학자였던 오펜하이머는 남들의 존경과 부러움을 한 몸에 받는 사람이었지만, 그의 젊은 시절을 들여다보면 다른 사람들에 대해 부러움을 넘어 시기와 질투까지 크게 느꼈던 것 같다.

어렸을 때부터 여러 방면에서 천재적 면모를 보였던 오펜하이머는 하버드 대학교를 3년 만에 졸업한 후, 영국 케임브리지 대학교의 캐번디시 연구소에서 대학원 공부를 시작했다. 그곳은 다수의 노벨 물리학상 수상자를 배출한 것으로 유명했기 때문에 거기에서 일한다는 것 자체가 많은 물리학도들의 선망의 대상이 되었다.

오펜하이머의 하버드 대학교 졸업 사진(1925년)

하지만 캐번디시 연구소에서 그는 결코 행복하지 못했다. 캐번디시 연구소는 이론 물리학과 실험 물리학 모두를 강조하는 곳이었다. 이론에는 강했지만 실험을 위한 섬세한 작업에 서툴렀던 오펜하이머는 계속되는 실수로 인해 결국 물리실험 자체를 기피하게 된다. 자신은 벽에 부딪친 반면, 아무 문제없고 오히려 더 잘 나가는 친구들과 주변 사람들은 오펜하이머를 더 힘들게 만들었던 것 같다.

오펜하이머가 케임브리지에서 대학원 생활을 시작했을 때, 고등학교 시절부터 친한 친구였던 프랜시스 퍼거슨 역시 영국으로 건너와 옥스퍼드 대학교에서 공부를 시작했다. 오펜하이머는 늘 열정에 가득 차 있고 사교적이고 점차 멋지고 세련되게 변하는 퍼거슨을 부러워했다. 그러던 와중, 퍼거슨은 일이 잘 풀리지 않아 괴로워하고 있는 오펜하이머를 위해 함께 파리로 여행을 떠났다. 그곳에서 퍼거슨은 자신이 여자친구에게 청혼했으며 곧 결혼하게 될 것 같다는 소식을 전한다. 이때 오펜하이머는 축하는커녕 퍼거슨을 뒤에서 덮쳐 목을 조르려고 했고, 몸싸움 끝에 바닥에 쓰러져 서럽게 울었다고 한다. 어떤 심정에서 오펜하이머가 이런 폭력적인 행동을 했는지는 모르나 퍼거슨과 주변의 증언을 종합해보면 오펜하이머는 친한 친구에 대한 크나큰 질투심을 가지고 있었다는 것을 알 수 있다.

오펜하이머는 당시 지도교수였던 패트릭 블래킷에 대해서도 엄청난 좌절과 시기심을 느꼈던 것 같다. 당시 블래킷은 케임브리지를 졸업한 지 3년 만에 모교에 교수로 부임한 젊고 잘 나가는 물리학자였고 심지어 외모도 출중한 데다가 옷까지 잘 입었다고 한다. 게

다가 그는 주변 사람들에게 친절하고 겸손한 사람이라는 평가까지도 받고 있었다.

처음에 오펜하이머는 블래킷을 정말 좋아했고 그에게 인정받기를 원했다. 하지만 늘 실험을 중시하던 블래킷과 오펜하이머의 관계는 점점 악화되었고, 이는 오펜하이머에게 고통을 주게 된다. 인정을 갈구하던 이로부터 멸시를 당하기 일쑤였던 오펜하이머는 결국 불만을 넘어 강한 분노를 느끼고, 하지 말아야 할 큰일을 저지르고 만다. 화학약품으로 만든 독을 사과에 발라 블래킷의 책상에 올려 둔 것이다. 다행히도 블래킷은 이 사과를 먹지 않았고, 오펜하이머도 정신과 치료를 받는 조건으로 큰 처벌을 받지는 않았지만, 이 사건은 당시 오펜하이머의 심리상태를 잘 보여주고 있다. 오펜하이머의 오랜 친구 중 한 명인 제프리스 와이먼은 이 사건은 명백하게 오펜하이머의 질투심에 비롯된 것이라고 증언했고, 오펜하이머와 블래킷을 모두 알고 있었던 지인 중 한 명은 다음과 같이 말했다고 한다. "블래킷은 잘생겼으며 매력이 넘치는 사람이었습니다. 게다가 그가 과학자로서의 능력까지 뛰어나다는 것은 그를 정말 대단한 사람으로 보이게 만들었습니다. 오펜하이머는 이런 블래킷과 자신을 비교하면서 자신의 상대적인 미숙함은 물론이고 심지어 외모까지도 덜 매력적이라는 것에 대해 좌절하고 있다는 느낌을 받았습니다." 이렇게 자신이 더 뛰어나고 잘나지 않으면 안 된다는 끔찍한 생각에 고통받던 오펜하이머는 의식적으로 자신의 문제들에 맞서려고 노력했고, 결국 감정적인 위기에서 벗어날 수 있었다고 한다.

여기에서 우리는 오펜하이머같이 비범한 사람도 우리와 별반 다르지 않다는 것을 알 수 있다. 오히려 보통 사람들보다 더 큰 부러움과 시기심을 느끼고 그 감정을 비정상적인 방법으로 해소하려고 한 오펜하이머를 보면서, 부러움을 넘어선 시기와 질투라는 감정을 잘 다스리는 것이 얼마나 중요한지도 알 수 있다.

앞서 부러움, 시기, 질투는 비교에서 오는 상대적인 개념이라고 했다. 비교는 우리가 아주 어렸을 때부터 자연스럽게 배우고 또 깨닫는 본능적인 생존 방식이다. 비교를 통해 현재 자신의 위치를 알아야 무엇이 부족하거나 더 필요한지 알게 되기 때문이다. 하지만 비교가 과하거나 잘못된 타인과의 비교로 인해 스스로 통제할 수 없는 지나친 시기심과 질투가 생기는 것이 문제다.

케임브리지에서 오펜하이머의 지도교수였던 패트릭 블래킷(오른쪽)

누군가와 비교 할 때, 자존감, 즉 자아존중감Self-esteem은 큰 차이를 만든다. 자존감은 말 그대로 스스로를 가치 있게 생각하고 존중하는 마음이다. 자존감은 자기 자신에 대한 전반적인 평가이기도 하기 때문에 자신이 가진 능력이나 한계에 대해 아는 것도 포함된다.

누구나 비교를 하고 살지만, 자존감이 낮은 사람들은 비교를 통해 열등감을 느끼게 되고, 그 열등감은 공격적인 형태의 시기와 질투로 이어질 수 있다. 비교 대상인 상대방을 내 마음에 들게 바꾸는 것은 불가능하다. 그리고 낮은 자존감과 열등감은 결국 스스로에 대한 부정적인 평가이기 때문에 결국 비난의 화살은 자신에게 돌아온다. 예를 들어, 자존감이 낮은 사람들은 늘 타인의 시선이나 자신에 대한 평가를 신경 쓰면서 동시에 타인들을 평가한다. 혹시라도 나보다 잘난 것 같은 사람이 있으면, 그 사람이 더 잘났다는 사실을 인정하기보다는 기를 쓰고 그 사람의 부족한 점을 찾아서 깎아내린다. 그렇게 해야 그 대상이 나와 동급이거나 혹은 나보다 못한 사람이 되기 때문이다. 그런데 문제는 이 과정에서 가장 상처받는 것은 결국 자기 자신이라는 점이다. 마음 속으로는 이미 그 대상이 나보다 더 잘난 사람이라는 것을 알고 있다. 게다가 그 대상의 문제를 찾고 비난하는 과정을 정당화(예: 제3자를 끌어들여 그 대상에 대해 뒷담화를 하면서 동의를 구함)하고 있는 스스로를 보면서, 자괴감에 빠질 것이기 때문이다. 덤으로 제3자는 내게 직접적으로 말은 하지 않겠지만 내가 드러낸 낮은 자존감과 초라함을 눈치챌 것이다. 이렇게 자존감이 낮은 사람은 '타인'에 초점을 둔 비교만을 하기 때문에, 작아진 나와 타인의 차이는 더 크게 보이고, 결국 그 차이를 절대 극복할 수 없다고 믿게 되는 자기 파괴의 악순환에 들어서는 것이다.

자존감이 높은 사람들도 당연히 남들과 비교하면서 더 잘난 이들을 부러워한다. 하지만 자신이 더 뛰어나지 못한 것을 괴로워하기보다는 타인의 장점을 거울삼아 자신에게 개발이 필요한 부분을 확인하고 앞으로 더 발전할 수 있는 기회로 삼는다. 자존감이 낮은 사람들은 타인과의 비교로 자기의 존재감을 확인하고 드러내려 하지만, 자존감이 높은 사람의 비교대상은 오로지 과거의 자신이기 때문이다. 이렇게 비교를 하더라도 '나 자신'에 초점을 두고 있기 때문에, 부러움이라는 감정이 긍정적인 변화의 원동력이 되는 것이다. 무엇보다도 자신을 긍정적으로 평가하는 마음이 크기 때문에, 스스로를 있는 그대로 받아들일 뿐 남들과 심하게 비교를 하거나 혹은 남들이 자기보다 잘났는지 못났는지 굳이 평가하려 들지 않는다. 이런 이유로 자존감이 높은 사람들은 남들의 장점이나 잘하는 것을 있는 그대로 좋게 평가하고, 타인에 대한 인정에도 인색하지 않다.

자존감은 시간이 지나면서 자연스럽게 형성되어 온 것이기 때문에 어느 날 갑자기 자존감이 낮았던 사람이 높은 자존감을 가진 사람으로 변하는 것은 거의 불가능하다. 하지만 자존감은 환경에 따라서 변하기도 하고, 부단한 노력을 통해 높아질 수도 있다. 비교는 어쩔 수 없는 삶의 방식이지만, 가능하면 끊임없이 나를 타인과 비교하는 습관이나 행동에서 벗어나는 것이 필요하다. 타인과의 비교나 평가보다는 자신에 대한 평가가 더 중요하다는 것을 깨달아야 한다.

자신을 있는 그대로 받아들여서 부러움이라는 자연스러운 감정을 시기가 아닌 자기 개발을 위한 자극제가 되도록 만들어야 한다.

자신이 처한 환경을 변화시키려는 노력 역시 중요하다. 영국 케임브리지 대학교에서 행복하지 못했던 오펜하이머는 자신의 재능을 알아봐 준 막스 보른의 초청으로 독일의 괴팅겐 대학교에서 공부하면서 다시 활기찬 모습으로 돌아왔다고 한다. 당시 유럽 실험 물리학의 중심이었던 케임브리지와는 다르게 괴팅겐은 이론 물리학의 본산으로서 실험에 약했던 오펜하이머에게 다시 자신감을 심어주었다. 오펜하이머는 당시를 회고하며 이런 말을 남겼다. "나는 확실히 이론 물리학을 연구하리라 결심했습니다. 실험실로 돌아가지 않아도 된다고 생각하니 커다란 해방감을 느꼈지요. 나는 실험에 별로 재능이 없었고, 남들에게 도움을 주지도 못했습니다. 무엇보다도 나는 실험을 하는 과정에서 아무런 재미도 느낄 수 없었습니다. 하지

괴팅겐에서 공부할 당시의 오펜하이머

만 이제 나는 꼭 해 보고 싶은 일을 찾았습니다."

오펜하이머 역시 자신의 한계를 인정하고 자신이 잘 할 수 있는 것에 집중하기로 함으로써 불안정한 감정에서 벗어나서 다시 자신감과 자존감을 회복했다는 것을 알 수 있다.

우리 모두는 자존감이 얼마나 중요한지 잘 알고 있습니다. 하지만 때로는 부정적인 생각 때문에 기분이 좋지 않을 때도 있습니다. 누구나 그럴 수 있습니다. 하지만 장기적으로 낮은 자존감을 가지고 있다면 정신 건강뿐만 아니라 일상생활에도 악영향을 미칠 수 있습니다. 자신의 부정적인 생각을 파악하고 극복하는 것은 낮은 자존감을 회복하는 간단하지만 효과적인 방법입니다.

1. 부정적인 생각을 파악해 보세요.

• 자신에게 던지는 비판적이거나 부정적인 생각을 기록해 보세요. 예를 들어 "나는 아직도 너무 부족해.", "내가 어떻게 되든 아무도 나를 신경 쓰지 않는다." 등이 바로 부정적인 생각입니다.
• 이러한 생각을 언제부터 어떻게 하게 되었는지 잘 생각해 보세요

2. 부정적인 생각에 도전해 보세요.

• 이번에는 이런 부정적인 생각을 반박할 수 있는 근거들을 진지하게 찾아보세요. 예를 들어 내가 남들보다 잘하는 것들, 그리고 나에게 따뜻한 말 한마디를 건네는 친구나 가족들을 생각해 보세요.

3. 긍정적인 확언 목록을 만들어 보세요.

• 자신에 대한 긍정적인 점이나 스스로에 대한 칭찬을 최소 5개 이상 적어보세요. 이때 자신이 잘 할 수 있는 것들을 포함해 보세요. 지금까지 다른 사람들에게 받았던 칭찬도 함께 기록해 보세요.
• 이 목록을 볼 수 있거나 쉽게 찾을 수 있는 곳에 두고 정기적으로 업데이트해 보세요.

별것 아닌 것 같지만, 이 과정을 통해 긍정적 자아상을 만들 수 있습니다. 긍정적인 자아상은 낮은 자존감을 회복하거나 더 높은 자존감을 가질 수 있도록 도와줄 것입니다. 낮은 자존감은 스스로가 만든 것이기보다는 자신이 겪은 일로 인해 생겨났을 가능성이 높습니다. 스스로에게 관대해지십시오. 자신의 나이가 많든 적든 모든 사람은 자신을 바라보는 관점을 바꾸고 더 높은 자존감을 가질 수 있다는 것을 기억하세요.

앞서 소개한 낮은 자존감을 회복하는 방법 이외에 일상생활에서 시도해 볼 수 있는 행동전략들은 다음과 같습니다.

1. 남의 기분에 휘둘리지 마세요.

"아니오."라는 단어는 칼날이 아닙니다. 남의 기분을 맞추느라 지치지 마세요. 당신의 소중함을 잊지 말고, 솔직하게 거절하는 용기를 길러보세요.

2. 안전한 보금자리에서 나와 보세요.

새로운 도전은 무섭지만, 두려움을 떨쳐 버리고 나아가면 당신은 더욱 빛나게 됩니다. 작은 성공과 성취에도 스스로를 칭찬하며, 한 걸음씩 나아가는 당신은 이미 자존감이라는 보물을 손에 쥐고 있다는 것을 잊지 마세요.

3. 남과 비교는 금물!

SNS는 현실이 아닌, 자신의 좋은 것만을 남들에게 보여주는 필터이자 가상 세계입니다. 남과 비교하며 자신을 깎아내리는 것은 그만두세요. 당신만의 매력과 장점을 발견하고, 세상에 하나뿐인 당신의 가치를 인정하세요.

4. 과거는 용서하고 현재에 집중하세요.

과거의 실수는 당신을 정의하지 않습니다. 용서라는 빛으로 과거를 비추고, 현재에 집중하며 나아가는 당신에게 미래는 더욱 밝게 펼쳐질 것입니다.

5. 건강한 경계선을 지키세요.

개인으로서 그리고 직장인으로서의 삶 속에서 당신의 가치를 지키는 경계선을 그려보세요. 타인의 무례나 착취를 단호하게 거절하며, 자신을 존중하는 태도를 보여주세요.

6. 작은 성공도 기념하고 칭찬하세요.

작은 성취에도 스스로를 칭찬하고 축하하는 시간을 가져보세요. 작은 기쁨들이 모여 당신의 자존감이라는 태양을 더욱 밝게 만들어 줄 것입니다.

7. 당신을 비추는 사람들과 함께하세요.

긍정적인 에너지로 당신을 비추는 사람들과 함께하세요. 부정적인 사람들과는 거리를 두고, 당신의 가치를 긍정하고 응원하는 사람들과 함께 성장해 나가세요.

꾸준한 노력과 긍정적인 마음가짐으로 당신의 자존감이라는 태양을 밝게 빛나게 하십시오. 당신은 이미 충분히 가치 있고 사랑받을 자격이 있습니다. 변화는 하루아침에 일어나지 않습니다. 하지만 포기하지 않고 노력한다면, 당신은 자신감이 넘치고 행복한 삶을 만들어갈 수 있을 것입니다.

KEYWORDS

모순 · 양면성 · 다면적 · 입체적

2장

현명하지만
그보다 더 멍청할 수 없다

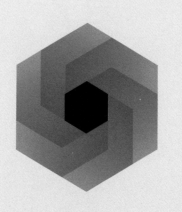

chapter. 2

많은 사람들은 오펜하이머의 삶에 대해 이야기할 때 그가 보인 '모순'에 주목한다. 크리스토퍼 놀란은 한 인터뷰를 통해 "오펜하이머의 이야기는 모순과 딜레마로 가득 차 있다"라고 말했다. 영화를 본 우리나라의 많은 영화평론가나 관객 역시 "오펜하이머, 이토록 모순적인 인간", "영화 '오펜하이머' 3가지 감상 포인트, 모순·놀란·시간" 등을 제목 혹은 주제로 삼아 그가 걸어온 삶의 궤적에서 어렵지 않게 발견할 수 있는 모순을 이야기하고 있다. 그런데 왜 사람들은 '천재 물리학자', '원자폭탄의 아버지' 등 그가 가진 비범함이나 위대한 업적에 대한 찬사만이 아닌, 오펜하이머가 보여준 모순성, 다시 말해 한 개인이 가진 평범함 내지 결함에 대해 관심을 가지는 걸까?

사람들이 말하는 오펜하이머가 보인 가장 큰 모순은 핵폭탄을 개발한 주역인 그가 종전 후에는 핵폭탄을 반대했다는 사실이다. 그는 핵폭탄 개발을 주도하고 심지어 어떤 높이에서 핵폭탄을 터트리는 것이 더 많은 일본인을 죽일 수 있는지도 고민했던 인물이다. 하지만 자신이 개발한 핵폭탄의 엄청난 위력으로 히로시마와 나가사키가 초토화되는 것을 목격한 후, 비록 전쟁은 끝났지만 소련과의 새로운 긴장관계 그리고 핵경쟁으로 인해 앞으로 벌어질 통제 불가능한 커다란 위기를 예상한다. 이를 이유로 그는 미국에서 자신이 개발한 핵폭탄보다 더 큰 위력을 가진 수소폭탄이 개발되는 것을 반대하고, 핵전쟁이 전 인류를 위협할 수 있는 상황을 막기 위해 다른 국가와의 핵무기 정보 공유는 물론이고 미국의 핵 축소를 주장했다. 이렇게 핵폭탄 개발 전과 후에 서로 다른 입장을 취했다는 것, 다시 말해, 일관성 없는 태도로 이랬다저랬다 했다는 것이 그가 가진 모순의 핵심이라는 것이다. 물론 이 내용이 가장 잘 알려진 사실이자 오펜하이머의 가장 두드러진 모순점인 것은 맞다. 그런데, 그의 생애를 좀 더 면밀히 들여다보면, 이뿐만이 아닌 여러 가지 모순들과 양면적이면서도 다면적인 모습들을 찾을 수 있다. 예를 들어, 오펜하이머 평전인 《아메리칸 프로메테우스》의 서문은 다음과 같은 구절을 담고 있다.

오펜하이머의 비판자들은 1954년 그의 정치적, 과학적 판단들에 공격을 감행하면서 그의 품성을 여러 측면에서 조명했다. 그는 야심과 불안감을, 명석함과 순진함을, 강력한 의지와 두려움을, 차분한

금욕주의와 혼란을 동시에 가지고 있었다.

오펜하이머와 어린 시절부터 친구였던 헤럴드는 오펜하이머는 매력적인 사람이었지만 점점 가까워지면서 느낀 오펜하이머는 무엇인가 어긋나 있고, 복잡하고 이해하기 어려운 사람이었다고 고백했다. 오펜하이머 가족을 가까이에서 지켜본 데이빗 릴리엔털은 오펜하이머의 자녀들이 여러 문제를 겪는 것을 보면서, "오펜하이머의 명석한 두뇌와 미숙한 성격은 묘한 모순을 이루었습니다. 그는 자신의 자녀들을 어떻게 다뤄야 하는지 몰랐습니다"라며 안타까워했다. 심지어, 오펜하이머는 아내 키티의 변덕스러운 성격에 힘들어하던, 예민한 성격을 가진 당시 10대 아들 피터를 거의 방치하기도 했다.

그는 뛰어난 이론 물리학자였지만 계산 능력은 형편없었다고도 하고, 핵폭탄 개발이라는 중대한 미션을 성공시킨 유능한 리더였지만, 때로는 한가지 문제를 오랫동안 파고드는 참을성을 가지고 있지 못했다고 한다. 예를 들어, 그가 노벨물리학상을 수상하지 못한 이유 중 하나는 한 주제를 결론이 날 때까지 붙잡고 늘어지기 보다는, 싫증이 나면 바로 다른 주제로 바꿔서 새로운 연구를 했기 때문이라고도 한다. 게다가 1940년 11월 키티와 결혼을 한 이후에도 전 연인이었던 진 태트록과 만나고, 맨해튼 프로젝트 이후에도 바람을 폈다. 그럼에도 불구하고, 세계 질서와 사회 정의에 대해서는 윤리적인 모습을 추구하고자 노력했다.

이렇게 어떤 한 사람이 상반된 감정이나 태도, 혹은 행동을 보일 때 우리는 그 사람을 가리켜 "모순적이다"라고 한다. 그런데 사실 이 모순성은 인간이라면 누구든지 가지고 있는 보편적인 특성 중 하나다. 우리가 아무리 최선의 노력을 다해도, 그 어떤 사람도 자신의 감정이나 믿음, 그리고 욕망 안에서 일어나는 갈등으로부터 완벽하게 자유롭기는 정말 어렵기 때문이다. 예를 들어, 소설이나 영화의 등장인물과 스토리는 종종 '진짜 좋은 사람'과 '정말 나쁜 사람'이 싸우는 것을 그린다. 하지만 잘 생각해 보면 이 세상 그 누구라도 실제로 완벽하게 선하거나 악한 사람은 없다. 그렇게 되는 것 자체가 불가능하다. 그 '진짜 좋은 사람'이 가족을 비롯한 자기 주변사람들에게 상처를 주는 일도 있다. '정말 나쁜 사람' 역시 자기 가족에게는 더할 나위 없이 좋은 사람일 수 있다.

핵무기 축소를 주장하기 시작한 1946년의 오펜하이머

우리 자신도 마찬가지다. 상황에 따라서 그리고 나의 기분에 따라서 자신이 세운 원칙에 반하는 행동을 하는 경우도 있고, 행동으로 옮기진 않더라도 하루에도 수십 번 모순된 생각을 떠올리기도 한다. 객관적이고 냉철한 판단을 할 때도 있지만, 감정적이거나 의도적으로 한쪽으로 치우친 판단을 하기도 한다. 오펜하이머만 모순적이었던 것이 아니라 우리 모두가 모순적이다. 그렇기에 우리는 한 명의 인간으로서 스스로가 가진 모순을 이해하고 그 모순을 받아들일 필요가 있다. 모순에 대한 자세는 결국 더 나은 자신이 되기 위한 노력이자 용기가 된다.

20세기 미국의 가장 위대한 시인이자 인권운동가 중 하나로 꼽히고 여성에 대한 폭력과 인종차별에도 굴하지 않은 것으로 유명한 마야 안젤루는 1995년 유엔 50주년 기념식에서 직접 낭독한 〈용감하고 놀라운 진실〉이라는 시의 한 구절을 통해 이를 말하고 있다.

이 작고 떠도는 행성 위의 우리들 그리고 사람들
어떤 손길은 무언가를 그토록 무자비하게 때린다
심지어 살아있는 이에게서 삶을 빼앗아 버리기도 한다
하지만, 그 손길은 누군가를 따뜻하게 어루만지며 치유하기도 한다
(중략)
이러한 혼돈 속에서, 이러한 모순 속에서
우리는 우리 자신이 악마도, 신도 아니라는 것을 깨닫게 된다

사람은 타인에게 해를 입힐 수도 있고 치유를 해 줄 수도 있다. 우리는 누군가를 사랑할 수도 미워할 수도 있다. 어떤 현상을 우리는 받아들일 수도 있고 거부할 수도 있고 모른 척 넘어갈 수도 있다. 자신이 모순으로 가득 차 있다는 것을 깨닫는 것은 자신이 그 모순들 사이에서 결국 선택해야만 한다는 것을 알게 해 준다. 무엇보다도 우리가 자신의 모순을 인정하고, 그 모순 안에서 선택을 내리고, 그리고 그 선택이 자기는 물론이고 주변사람에게 어떤 영향을 미치는지를 본다. 그러면서 우리는 자신이 반드시 지키고 싶은 가치는 무엇인지 혹은 자신이 진정으로 되고 싶은 모습은 무엇인지 깨닫게 될 것이다. 마야 안젤라의 시구처럼 모순의 혼돈 속에서 자신이 절대 선도 절대 악도 아니라는 것을 결국 인정하고 받아들일 수 있을 때, 오히려 더 자유롭고 더 나은 선택을 할 수 있게 된다.

그래서 모순적이라는 말은 결국 인간적이라는 말과 같다. 그리고 '모순적', '인간적'이라는 것은 '입체적'이라는 특징과도 연결된다. 소설이나 영화에 나오는 등장인물이 절대 선과 절대 악을 대표하는 평면적 캐릭터가 아니라 모순 속에서의 고뇌로 가득 찬 입체적인 캐릭터일 때, 우리는 자기도 모르게 그 인물을 이해해 보려 하고 또 그 인물에게 끌리게 된다. 오펜하이머가 보여 준 모순과 아이러니가 그가 보인 결함이나 오류가 아니라, 결국 그를 더 인간적이고 입체적으로 만들어 우리를 사로잡은 포인트라고 말할 수 있는 이유다.

게다가 전쟁 후에 군축을 주장한 오펜하이머의 모순은 우리가 모순적인 상황에 맞닥뜨렸을 때 어떻게 하는 것이 더 바람직한 지도 알려준다. 오펜하이머는 자신이 만든 핵무기로 인해 벌어진 비참한 상황을 외면하거나 왜곡하지 않았다. 그는 자신의 과거를 선의와 대의로 포장하지 않았다. "내 손에 아직 피가 묻었다"고 고백하며 자신의 후회와 반성, 그리고 책임감을 보이려고 했다. 한발 더 나아가, 지금껏 자신이 쌓아 온 것이 무너질 수 있다는 것을 알면서도 자신으로 인해 벌어진 상황이 더 최악으로 치닫는 것을 막고자 노력했다. 그는 핵폭탄의 아버지가 핵폭탄을 반대한다는 비난에 굴복하지 않았다. 자신의 과거와 직면하고, 성찰했다. 현재 자신이 해야 할 일을 함으로써 자기가 되고 싶은 모습을 주체적으로 선택했다. 비록 그 결과가 사회적으로 정치적으로 매장되는 불명예스러운 퇴진이었지만, 그는 자기 자신과 주변 이들에게 더 떳떳하고 한층 더 크게 성장한 자신을 발견했을 것이라고 감히 추측해 본다.

한 사람으로서, 한 명의 리더로서 우리는 자신이 가진 모순을 알고 타인의 모순을 이해함으로써 더 나은 사람이 되고 더 나은 리더가 된다. 이는 과거에 얽매이지 않고 현재의 자신이 해야할 일을 묵묵히 해야만 가능한 일이다.

KEYWORDS

오만   겸손

3장

아인슈타인은
완전히 맛이 갔어

chapter. 3

오만함 혹은 자만심을 가리키는 영어 단어인 Hubris는 고대 그리스의 Hybris라는 개념에 뿌리를 두고 있다. 고대 그리스에서 Hybris는 가해자의 즐거움이나 만족을 위해 타인에게 모욕을 주거나 의도적으로 폭력을 행사하는 것을 가리켰다. 따라서 오만함은 자신의 능력에 대한 지나친 과신, 타인에 대한 경멸, 그리고 신체적·정신적 폭력까지도 포함하는 개념으로 볼 수 있다.

리더십 관점에서 보면, 리더가 가진 권력과 리더십에 대한 주변 사람들의 예찬이 종종 리더 자신의 능력에 대한 과신과 권력 남용이라는 오만함으로 이어지기도 한다. 예를 들어 우리는 사업상 행운이나 외부 환경요인으로 인해 얻은 성과를 자신의 치적으로 삼거나, 스스로를 완벽한 리더십의 소유자라고 여기며 부하 직원들에게 자신을 롤모델로 삼을 것을 종용하는 CEO와 리더들을 종종 본다. 이런 리더들의 지나친 오만함은 결국 지나친 야망과 무모한 의사결정으로 이어져 해당 조직은 물론이고 주변 사람들에게까지 안 좋은 영향을 미친다. 이런 이유들로 '오만한 리더십Hubristic leadership'은 CEO와 리더들이 반드시 피해야만 하는 '파괴적 리더십Destructive leadership'의 대표적인 유형으로 연구되고 있다. 사실 오만함에서 비롯된 비극적 결과는 생각보다 더 많다. 그 때문에 경영학자들은 우리가 '오만함의 전염병' 시대에 살고 있다고 경고해 왔다.

오펜하이머는 겸손하기보다는 오만한 사람 쪽에 가까웠다. 특히 젊은 시절의 그는 자신의 천재성을 잘 알고 있고 자만심에 가득 찬 오만방자한 사람이었다고 평가된다. 오펜하이머의 박사학위 지도교수였던 막스 보른은 다른 사람에게 보내는 편지에서 오펜하이머가 겉으로는 매우 겸손한 듯하지만 속으로는 대단히 오만하다고 언급했다. 오펜하이머를 소위 '겸손 떠는' 사람으로 소개한 것이다. 불과 1년 전 케임브리지에서는 불안정한 심리상태로 인해 잠시 고통을 겪었지만, 괴팅겐에서 박사과정 공부를 할 때는 다시 자신감을 회복해서 그가 얼마나 자만하고 오만해졌는지 보여주는 여러 사례들이 있다.

오펜하이머는 보른을 비롯한 다른 사람들이 세미나 수업에서 발표를 하고 있을 때 강의를 끊고 자신이 하고 싶은 말을 하기 일쑤여서, 다른 학생들의 큰 반감을 샀다고 한다. 보른이 계산을 할 때 종종 실수한다는 것을 알고 있던 오펜하이머는 자신에게 검산을 시킨 보른에게 아무런 실수도 못 발견했다면서 이게 정말 지도교수인 보른이 직접 계산을 한 것인지 되묻기도 했다. 보른은 "진심으로 그런 말을 할 수 있을 정도로 솔직하고 무례한 것은 오펜하이머뿐이었고, 이 일로 인해 나는 그의 솔직한 성격의 장점을 존중하게 되었다"고 회고했다. 당시 막스 보른은 정이 많고 따뜻하며 무엇보다도 참을성이 많은 스승이었다고 전해진다.

오펜하이머는 1930년 미국에서 처음으로 아인슈타인을 만나는데, 당시 아인슈타인은 양자물리학에 대해서 부정적인 견해를 가지고 있었다. 예를 들어, 아인슈타인은 "신은 주사위 놀이를 하지 않는다"며 양자물리학이 가진 확률적 성격에 크게 이의를 제기하면서 양자물리학이라는 분야 자체를 부정하고 있었다. 이런 이유로 1929년 자신이 독일을 비롯한 유럽에서 배우고 연구한 양자물리학을 미국에 돌아와서 소개하고 있던 오펜하이머는 아인슈타인을 탐탁지 않아 하며 그가 완전히 정신이 나갔다고 생각했다. 심지어는 아인슈타인을 만난 이후 동생에게 보내는 편지에서는 "아인슈타인은 완전히 맛이 갔어"라고 표현하기도 했다. 제2차 세계대전 종전 이후 그 둘은 프린스턴 고등연구소에서 함께 있게 되는데 그 당시에도 둘은 서로를 탐탁지 않게 여겼다고 한다.

오펜하이머는 1954년의 보안 청문회 이후 원자력에너지위원회의 기밀 취급 인가가 취소되고 정부 관련 모든 직위를 박탈당하는 수모와 시련을 겪으면서 그 오만함이 꺾이기도 했다. 해럴드 체르니스는 오펜하이머가 시련을 겪고 난 후 남의 말을 더 잘 경청하게 되었고, 다른 사람들에 대한 이해심도 깊어졌다고 평가했다. 오펜하이

세인트존 섬에서 방문객들을 맞는 말년의 오펜하이머

머가 말년을 보낸 세인트존 섬의 이웃들 중에는 오펜하이머가 겸허한 사람이었다고 기억하는 이들도 있다.

하지만, 앞에서 소개한 몇몇 예시들을 비롯한 수많은 일화들은 그가 적어도 겸손한 사람은 아니었다는 것을 잘 보여준다. 맨해튼 프로젝트에서 오펜하이머와 함께 일했던 물리학자 한스 베테는 그가 정말 뛰어난 능력을 가지고 있었다고 하면서, 다른 사람들도 자신과 같은 능력을 가지고 있으리라고 생각하는 것이 그의 가장 큰 문제였다고 고백했다. 이렇듯 뛰어난 사람들이나 사회적으로 성공한 사람들은 자신의 뛰어난 능력과 자신이 이룬 성취로 인해 오만해지기 쉽다. 지나친 자신감, 즉 자기 과신에 빠지게 되는 것이다.

때때로 오만한 사람들은 자기 자신이 오만하다는 것을 잘 모른다. 그들은 지나친 자만심을 강한 자신감으로, 독단적 의사결정을 카리스마로 평가하는 등 스스로에 대한 평가에도 오만함이 깃들어 있기 때문이다.

그렇다면 우리는 어떻게 오만함을 방지할 수 있을까? 당연하지만, '겸손함'에 그 해답이 있다. 겸손함은 자신의 공헌에 대한 현실적인 평가, 타인의 공헌에 대한 인정, 그리고 자신의 성공을 가능하게 한 행운에 대한 인식을 의미한다. 사회적으로 성공하고 뛰어난 능력을 가진 사람 중에도 오만하지 않고 겸손한 사람들이 있다. 이런 사람들은 자신이 속해 있는 사회나 비즈니스 세계가 직면한 문제들이 복잡하고 다면적이고 상호 의존적이라는 것을 인정한다. 다양한 사람들의 말을 경청하고 부하직원들은 물론이고 주변사람들을 인정하고 함께 협력한다. 그리고 자신이 불완전한 개인일 수도 있다는 것을 인정하면서, 과거의 성공과는 상관없이 어떻게 하면 현재 수행하고 있는 일들을 최선을 다해 해낼 수 있을지 고민한다. 이들은 부하직원들에게도 왜 비즈니스에서 겸손함이 필요하며 어떻게 겸손해질 수 있는지에 대해서도 알려준다. 오만함보다는 겸손함이 더 근거 있고 현명한 의사결정의 바탕이 된다는 점을 스스로 실천함으로써 솔선수범하는 동시에, 기꺼이 타인들과 함께 성찰하고 성장할 수 있는 다양한 방법들을 모색하기도 한다.

경영학 분야의 베스트셀러이자 스테디셀러인《좋은 기업을 넘어 위대한 기업으로》에서 소개된 '레벨 5 리더십 피라미드'는 경영자의 겸손함이 리더십과 기업성과에 얼마나 중요한 영향을 미치는지 잘 보여준다.

이 책을 쓴 세계적인 경영 컨설턴트인 짐 콜린스는 '좋은' 기업과 '위대한' 기업을 구분하는 중요 기준 중 하나는 리더십이고, 위대한 기업들은 레벨 5 리더십을 보유한 리더들을 가지고 있다는 것을 발견했다.

레벨 5 리더십의 두 가지 키워드는 의지력과 겸손함이다. 짐 콜린스에 따르면 위대한 기업들은 의지력과 겸손함을 모두 겸비한 CEO가 경영한다. 이들은 엄청나게 강한 의지와 포부를 가지고 있다. 그런데 이 야망은 조직 전체의 목적과 비전 달성을 위한 것이지, 그들 자신을 위한 것이 아니다. 한편으로 최고경영자 위치에 오른 이들의 강한 의지력은 이미 승진 과정을 통해 증명된 것이라고도 볼 수 있기 때문에, 오히려 의지력보다는 겸손의 미덕을 가졌는지 여부가 더 중요하다. 결국 겸손함이 피라미드 정점에 오른 레벨 5 리더의 진정한 핵심 역량이다. 리더의 겸손함에 대해 꾸준히 연구해 온 미국 브리검영 대학교의 브래들리 오언스 교수는 겸손의 리더십을 가진 리더들이 공통으로 보이는 구체적인 행동양식이 있다는 것을 밝혀냈다. 예를 들어, 겸손한 리더들은 늘 적극적으로 다른 사람들에게 피드백을 구하고 그들의 비판과 충고를 잘 받아들인다. 부하직원을 포함한 다른 이들이 자기보다 더 많은 지식과 스킬을 가지고 있을 때 그 사실을 쉽게 인정한다. 부하직원들이 가진 단점보다 장점에 더 주목하고 그들에 대한 칭찬에 결코 인색하지 않다. 자신이 잘 모르거나 무언가를 할 줄 모를 때 이를 온전히 인정하고 타인에게 배우려는 자세를 잃지 않는다. 무엇보다도 리더의 겸손함을 평

5	강한 의지와 겸손함을 바탕으로 지속적인 성과를 만들어 냄	**경영자** (Executive)
4	강력한 비전과 미션을 바탕으로 하위 조직들의 우수한 성과를 이끌어 냄	**효과적인 리더** (Effective Leader)
3	팀 등 단위 조직의 목표와 과제를 달성하기 위해 할당된 자원을 효율적이고 효과적으로 활용함	**유능한 관리자** (Competent Manager)
2	팀 목표를 달성하기 위해 개인의 높은 역량을 활용하고 다른 사람들과 효과적으로 협력함	**팀에 기여하는 팀원** (Contributing Team Member)
1	자기가 보유한 역량(지식, 스킬, 재능, 동기 등)을 통해 팀의 생산성에 기여함	**높은 역량을 보유한 개인** (Highly Capable Individual)

레벨 5 리더십 피라미드 (The Level-5 Leadership Pyramid)

가하는 몫은 부하직원들에게 있다는 점을 잘 알고 있다.

대부분의 사람들은 오만한 리더보다 겸손한 리더를 좋아한다. 오만한 리더는 조직 내 외부에서 크고 작은 문제들을 계속해서 일으킨다. 젊은 오펜하이머가 주변사람들을 끊임없이 괴롭게 만들었던 것처럼 말이다.

여기에 우리가 더 나은 사람, 더 나은 리더가 되기 위해 스스로에게 물어야 할 중요한 질문이 있다. 우리들은 자신이 마음 속부터 겸손한 사람인지 스스로 묻고 또 자신을 솔직히 되돌아봐야만 한다. 마음 속으로는 그렇지 않은데 겉으로만 겸손한 척하는 사람을 가리켜 우리는 "겸손 떤다"라고 말한다. 대부분의 사람들은 직감과 본능으로 진실과 거짓을 구별할 수 있기 때문에, 진심으로 겸손한 사람과 겸손을 떠는 사람 역시 구분할 수 있다. 다른 사람들에게 인정이나 존경을 받고자 하는 마음이 내가 가진 겸손함의 크기보다 더 클 때 우리는 소위 겸손을 떨게 되는, 다시 말해 겉으로만 겸손을 보이게 된다. 겸손한 사람이라고 인정받거나 겸손한 리더라고 불리는 것은 겸손함을 갖춘 다음 얻을 수 있는 결과이지, 그 인정이나 존경을 받는 것 자체가 목적이 되어서는 안 된다.

더 겸손한 사람이 되고 겸손한 리더가 되는 길, 그리고 각자의 자리에서 겸손함을 실천하는 방법은 각자가 처한 상황에 따라 다를 것이다. 하지만 모두에게 적용되는 한 가지 사실은 자신의 겸손함을 평가하는 몫은 다른 사람들에게 있고, 리더라면 그 평가는 특히 부하직원들이 한다는 것이다.

겸손의 리더십은 자신의 강점과 약점을 솔직하게 인정하고, 타인의 의견을 존중하며, 끊임없이 배우고 성장하려는 리더십 스타일입니다. 겸손한 리더는 추종자들에게 영감을 주고, 협력과 신뢰를 바탕으로 조직의 성공을 이끌어냅니다. 다음의 질문들은 여러분이 가지고 있는 겸손함을 진단하는 항목들입니다. 각 항목에 대해 자신을 솔직하게 평가해 본 후, 여러분의 답변으로 '1 (정말 그렇지 않다)', '2 (그렇지 않다)', '3 (중립적임: 그럴 때도 아닐 때도 있음)', '4 (그렇다)', '5 (정말 그렇다)' 중 하나를 선택하시기 바랍니다.

1. 나는 다른 사람들의 피드백을 받아들이고 또 그들에게 배우려는 자세를 가지고 있다.
   1 - 2 - 3 - 4 - 5

2. 나는 내 실수를 인정하고 내 행동에 책임을 진다.
   1 - 2 - 3 - 4 - 5

3. 나는 내가 항상 옳다고 생각하지 않는다.
   1 - 2 - 3 - 4 - 5

4. 나는 모든 이들에게 존중심을 갖고 행동하며, 내가 누구보다 우월하다고 생각하지 않는다.
   1 - 2 - 3 - 4 - 5

5. 나는 다른 사람들의 말에 적극적으로 귀 기울여 그들의 관점을 이해하려고 노력한다.
   1 - 2 - 3 - 4 - 5

6. 나는 다른 이들의 기여와 공로를 인정하는 것이 중요하다고 생각한다.
   1 - 2 - 3 - 4 - 5

7. 나는 도움이 필요할 때 주저하지 않고 적극적으로 남들의 도움을 요청한다.
   1 - 2 - 3 - 4 - 5

8. 나는 자신의 한계와 부족한 점을 알고 있다.
   1 - 2 - 3 - 4 - 5

9. 나는 내가 모르는 것은 모른다고 솔직하게 밝힌다.
   1 - 2 - 3 - 4 - 5

10. 나는 성공이 개인의 업적이 아니라 팀워크나 협력의 결과라고 생각한다.
    1 - 2 - 3 - 4 - 5

11. 나는 갈등 상황에서 타협을 통해 공통점을 찾고 양보하려고 노력한다.
    1 - 2 - 3 - 4 - 5

12. 나는 자신의 업적에 대해 자랑하거나 과시할 필요는 없다고 생각한다.

1 - 2 - 3 - 4 - 5

13. 나는 다른 사람들의 피드백과 제안을 받아들일 준비가 되어있다.

1 - 2 - 3 - 4 - 5

14. 나는 다른 사람을 얕잡아 보거나, 함부로 판단하거나, 나보다 못하다고 생각하지 않는다.

1 - 2 - 3 - 4 - 5

15. 나는 실수에서 배우려고 노력하며 실수를 통해 나아질 것이라고 믿는다.

1 - 2 - 3 - 4 - 5

점수 매기는 방법:
각각의 항목에 모두 답을 한 후, 전체 숫자를 더한 합계를 계산해 보시기 바랍니다.

총 _____ 점

결과해석:

1. 0~25점 사이: 당신은 다른 사람들의 관점이나 의견보다 자신의 욕구가 철저히 우선시되기 때문에, 자신의 실수를 인정하거나 다른 사람의 건설적인 피드백을 받아들이는 데 어려움을 느낄 수도 있습니다. 타인과 더 좋은 관계를 구축하고 더 나은 리더가 되기 위해서는 마음 속으로부터 겸손함을 가져야 한다는 것을 명심하십시오. 다른 사람들의 생각에 더 열린 마음을 가지고, 삶에 대한 긍정적인 태도를 통해 주변의 소중한 것들에 감사하는 마음을 가지도록 노력해 보시기 바랍니다.

2. 26~50점 사이: 당신은 어느 정도의 겸손함을 지니고 있다고 볼 수 있습니다. 여러분의 말과 행동이 다른 사람들에게 미치는 영향을 어느 정도 인식하고 있지만, 실수를 인정하거나 타인의 관점과 의견에 대해 온전히 받아들이는 것을 어려워할 수 있습니다. 겸손은 리더로서뿐만이 아니라 한 명의 성숙한 인간이 되기 위해 필요한 덕목입니다. 그리고 겸손함을 가지는 것은 개인적이거나 일적인 관계에서 더 좋은 결과를 만들어 낼 수 있습니다. 자신이 더 겸손했을 때나 겸손하게 반응했을 때를 돌아보고, 타인에게 공감하며 타인을 우선시하는 노력을 계속하시기 바랍니다.

3. 51~75점 사이: 당신은 높은 수준의 겸손함을 보여주는 사람이자 겸손한 리더입니다. 다른 사람들의 관점이나 의견을 늘 염두에 두고, 자신의 실수로부터 배우려는 강한 의지를 가지고 있습니다. 하지만 이렇게 높은 수준의 겸손함을 지니고 있다고 해도 특정 상황에서는 우쭐함이나 방어적인 태도를 보일 수도 있습니다. 상황이나 특정 사람들에 의해 좌지우지되지 않고 지속적으로 겸손한 마음을 갖는 것은 매우 중요합니다. 그러기 위해서는 늘 다른 사람들의 평가와 피드백에 열린 마음을 가지고 있어야 합니다. 당신의 겸손한 태도가 당신의 부하직원들 뿐만이 아니라 주변의 모든 사람들에게 긍정적인 영향을 미칠 수 있다는 것을 잊지 마시기 바랍니다

출처: Humility Self-Assessment Test, https://melbado.com/humility-self-assessment-test/

감성지능   사회성   자기인식

4장

내가 존경하는 사람은
눈물을 흘릴 줄
아는 사람이야

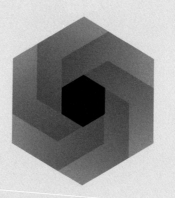

chapter. 4

우리는 더 나은 개인과 더 나은 리더가 되기 위해 진정성을 가져야 한다. 진정한 나의 모습을 알고 이해할 때, 우리는 진정성에 더 가까이 닿을 수 있다. 이런 사람들은 굳이 자신을 꾸며내려고 하지 않고 스스로에게 솔직하고 떳떳하다. 그리고 이 진정성을 담은 말과 행동은 다른 사람들의 마음을 사로잡는다.

하지만 많은 사람들이 자기 자신에 대한 충분한 이해가 부족하거나 없기 때문에 진정성을 가지지 못한다. 문제는 진정성이 부족한 사람들은 자신은 물론이고 다른 사람들에 대해 잘 알거나 이해하지 못하는 경우가 많다는 것이다. 자기를 이해하기 위한 노력을 기울이지 못했거나 그런 여유조차 없는데, 타인의 입장에서 그들이 어떤 생각을 가지고 있고 또 어떻게 느낄지 헤아리기는 쉽지 않을 것이다.

이런 이유로 여기에서는, 스스로에 대한 진정성을 높이고 타인과의 관계에서 나의 진정성을 보일 수 있는 효과적인 도구가 될 수 있는 '감성지능Emotional Intelligence, EQ'을 소개한다. 감성지능은 자신의 감정을 인식하고 관리하는 능력에 더해 다른 사람들의 감정을 인식하고 공감할 수 있는 능력이다. 1990년에 심리학자인 피터 살로비와 존 메이어의 연구를 통해 처음 소개된 감성지능은 후에 다니엘 골먼이 1995년에 출간한 책《EQ 감성지능》을 통해 유명해졌다. 책 제목처럼 그는 더 나은 삶을 위해서는 타고난 지능지수보다는 감성지능이 더 중요하다는 것을 주장했다. 골먼은 뇌와 행동 연구를 바탕으로, 감성지능이 직업적인 성공은 물론이고 삶에서 더 큰 행복을 느끼는 데 더 중요한 역할을 한다는 것과, 감성지능은 IQ와 다르게 스스로의 노력과 훈련을 통해 길러지고 더 강화될 수 있다는 것을 강조했다.

골먼은 〈하버드비즈니스리뷰〉에 기고한 글에서 "효과적인 리더들은 한 가지 중요한 공통점을 가지고 있는데, 높은 수준의 감성지능이 바로 그것이다. IQ와 기술적인 역량이 성공적인 리더십과 관련이 없다는 말은 아니다. 물론 중요하지만 그것들은 초급 임원들에게 요구되는 사항일 뿐이다"라며, 리더십에 있어서 감성지능의 중요한 역할에 대해 설명했다.

이렇게 요즘 시대에는 감성지능이 리더라면 반드시 가져야만 하는 필수 역량 중 하나가 되었다. 다양한 실증연구들을 통해 감성지능이 개인의 성과나 조직의 성과를 예측할 수 있는 가장 중요한 변수라는 것을 밝혀냈다. 감성지능을 가진 사람은 스트레스 상황에서도 평정심을 유지할 수 있으며, 공감능력을 통해 좋은 동료관계를 맺는다. 그리고 그들은 우리가 일터에서 늘 겪을 수밖에 없는 갈등 상황을 슬기롭게 중재하거나 해결한다.

반대로 감성지능이 부족하면 타인의 감정을 인식하거나 이해하지 못해 상대방을 쉽게 오해하거나 오판하게 된다. 특히 대인관계에 있어 여러 갈등상황을 겪을 수 있다. 감성지능이 낮다는 것을 보여주는 가장 흔한 예는, 자신의 감정을 다스리거나 표현하기 어렵다는 것이다. 어떤 사람들은 다른 사람들이 자신의 고민에 대해 이야기할 때 도대체 어떤 반응을 보여야 할지 곤란해한다. 혹은 상대방의 말과 이야기에 집중하는 적극적 경청을 어려워한다. 회사에서 다른 동료들과 어떻게 일을 하고 있는지 한번 생각해 보자. 혹시 솔직하고 자연스럽게 대화하는 것이 너무 어렵거나, 일이 계획대로 되지 않을 때 계속해서 누군가를 비난한 적이 있다거나, 혹은 욱하는 감정이 들어 자신도 모르게 밖으로 폭발한 적이 있다면, 혹시라도 현재 자신의 감성지능이 낮은 것은 아닌지 고민해 볼 필요가 있다.

만약 이러한 예시와 비슷한 경험을 한 적이 있다면, 다음의 감성지능의 4가지 핵심구성요소들을 이해하고 실천해 자신의 감성지능을 높일 필요가 있다.

1. **자기인식**: 자신의 감정, 감정의 원인, 감정이 어떻게 행동에 영향을 미치는지 아는 능력. 자신의 강점과 약점을 인식하는 것, 자

	자신(Self)	타인(Others)
인식(Awareness)	자기 인식 (Self-awareness)	사회 인식 (Social-awareness)
행동(Actions)	자기 관리 (Self-management)	관계 관리 (Relationship Management)

감성지능의 4가지 구성요소

기를 객관적으로 평가하는 것, 자신을 비판적으로 살펴보는 것 등이 포함된다.

2. 자기관리: 자신의 감정을 효과적으로 관리하고 조절할 수 있는 능력. 스트레스 관리, 자기 통제, 긍정적인 태도 등이 포함된다.

3. 사회인식: 주변 사람들의 감정을 인식하고 이해하는 능력. 상대방의 신호를 읽고, 상황을 파악하며, 타인의 감정에 공감하는 능력 등이 포함된다.

4. 관계관리: 타인과의 관계를 효과적으로 구축하고 유지하는 능력. 커뮤니케이션, 협력, 갈등 해결 등이 포함된다.

이 중, '자기인식'과 '자기관리'는 자기자신에 대한 개인적인 역량으로, '사회인식'과 '관계관리'는 타인들에 대한 사회적인 역량으로 볼 수 있다. 그리고 위의 그림에 표시한 것처럼 감성지능은 '자기인식'과 '사회인식'이라는 인식 혹은 인지, 즉 "나는 누구인가"에 관련된 영역과, '자기관리'와 '관계관리'라는 '행동' 내지는 '규칙', 즉 "나는 무엇을 해야 하는가"의 영역으로도 구분할 수 있다. 각각에 대해 좀 더 구체적으로 살펴보면 다음과 같다.

첫 번째 구성요소인 자기인식은 감성지능의 핵심이다. 올바른 자기인식은 스스로의 강점과 약점을 이해하는 것뿐만이 아니라 자신의 감정이 자기자신과 주변사람들에게 어떤 영향을 미치는지 아는 것이다. 한 연구에 따르면 95%의 사람들이 자신에 대해 잘 알고 있다고 믿고 있지만, 실제로는 10~15%의 사람들만이 자신을 올바르게 인식하고 있다고 한다. 그만큼 자신에 대해 알고 이해하는 것이 쉽지 않다는 뜻이다.

두 번째 요소인 자기관리는 특히 스트레스 받는 상황에서 스스로의 감정을 잘 다스리는 것과 좌절이나 난관에 부딪혔을 때 희망이나 긍정적인 생각을 놓지 않는 것을 의미한다. 자기관리가 부족한 사람은 사소한 것들에도 예민하게 반응하는 경향이 있고, 자신의 충동을 잘 억제하지 못하고 쉽게 욱하기도 한다.

자신의 감정을 알고 이해하는 것도 중요하지만, 주변 사람들의 감정을 읽고 이해하는 것도 중요하다. 때문에 세 번째 요소인 사회인식의 핵심은 공감이라고 할 수 있다. 공감을 잘하는 사람은 상대방의 관점이나 감정을 이해하려고 노력하고, 이를 통해 상대방과 더 잘 소통하고 더 나은 관계로 발전할 수 있다. 이런 이유로 사회인식과 공감은 좋은 리더십의 조건에 반드시 포함되는 정말 중요한 행동방식이기도 하다.

마지막 네 번째 요소인 관계관리는 타인에게 영향을 미치고, 코치하고, 조언하고, 협력하는 것뿐만이 아니라 갈등을 효과적으로 해결하는 것까지도 의미한다. 어떤 사람들은 아예 갈등상황을 만들지 않거나 피하는 것을 선호하기도 하지만, 사실 문제나 갈등이 발생했을 때 적절하게 대처하는 것이 더 중요하다. 모든 사람은 각기 다른 가치관, 목표, 욕구 등을 가지고 있다는 측면에서, 개인 간의 갈등, 혹은 집단 내, 집단 간의 갈등은 피할 수 없이 자연스럽게 발생한다. 기존 연구들에 따르면 해결되지 않은 모든 갈등은 험담이나 뒷담화 등 비생산적인 활동으로 연결되고 결국 직원들의 사기를 저하시켜 안 좋은 조직문화를 만들 수도 있다. 이런 이유로 건강한 조직을 만들기 위해서는 때론 갈등상황에 직면해서, 힘들고 불편한 주제를 꺼내 함께 이야기를 나눌 필요가 있다. 바로, 이때 필요한 것이 바로 감성지능에서의 관계관리 능력이다.

감성지능의 핵심요소들은 진정성(15장 참조)과도 관련이 있다. 그 두 가지 모두 '자기인식'을 포함하고 있기 때문이다. 여기에서 우리는 다른 사람들과 좋은 관계를 맺기 위해서는, 먼저 자신의 강점과 약점 그리고 가치관을 정확히 이해해야 한다는 것을 확인할 수 있다. 그 핵심에는 감성지능과 진정성의 첫 번째 요소로서 공통으로 포함된 '자기인식'이 있다. 자기인식을 잘하는 사람은 자신의 말과 행동의 목적이나 의도가 아주 명확하다. 그러므로 다른 사람에게 자신의 목적과 의도를 가감 없이 솔직하게 전달할 수 있다. 다시 말해,

말하거나 행동하는 사람의 입장에서는 무언가 꿍꿍이 없이 있는 그 대로를 전달할 수 있고, 상대방은 찜찜함 없이 있는 그대로 그 사람의 말이나 행동을 받아들일 수 있는 것이다. 대부분의 사람들은 가짜, 즉 진정성이 없는 것을 동물적으로 감지해 낼 수 있다는 것을 잊지 말자. 결국 스스로에 대한 진정성 그리고 타인에 대한 진정성이 감성지능과 진정성의 핵심이라는 것을 명심해야 한다.

오펜하이머에 대한 여러 기록들 중 1943년 11월, 오펜하이머가 리처드 파인만을 위해 쓴 추천서가 남아있다. 대중에게 가장 친숙한 이미지를 가진 천재 물리학자이자 나중에 노벨물리학상을 수상하게 되는 파인만은 당시 25세의 유망한 신진학자였다. 당시 파인만은 맨해튼 프로젝트에 참여하고 있었지만, 프로젝트 후를 대비해 미리 안정적인 직장을 찾고자 몇몇 대학교에 지원 중이었다. 연구소장이자 파인만의 상사였던 오펜하이머는 파인만을 돕고자 자신이 근무하던 UC버클리의 물리학과 학과장인 레이먼드 버지에게 추천서를 작성해서 보낸다.

오펜하이머는 추천서에 파인만이 로스앨러모스에서 가장 기발한 젊은 물리학자라고 설명하고, 파인만이 가진 인간적이면서도 감성적인 역량들을 강조한다. 추천서 내용 중 일부를 그대로 옮기면 다음과 같다.

"그(파인만)는 정말 매력적인 캐릭터와 성격을 가진 사람이며, 매우 명확하고, 모든 면에서 지극히 정상적이며, 물리학이 가진 모든 면에 따뜻한 감정을 가진 훌륭한 교사입니다. 그는 자신이 속해 있는 이론 물리부서의 과학자들뿐만이 아니라 실험 물리학과도 조화를 이루며 최고의 관계를 유지하고 있습니다."

그리고 나서 오펜하이머는 파인만을 영국의 이론 물리학자 폴 디랙과 비교하면서, 파인만이 이론 물리학 분야에서 뛰어난 역량을 갖추었으면서도 동시에 인간적인 측면도 있다는 것을 다시 한번 강조한다.

당시 추천서의 기본 구성이 어땠는지는 잘 모르겠지만, 현재의 추천서 형식과 비슷하다는 가정 아래 이 추천서는 주목할 만한 부분이 있다. 파인만의 천재성과 학문적 성과에만 집중하기 보다는, 그가 가진 학문에 대한 따뜻한 감성과 사람과의 좋은 관계를 더 강조했다는 점이다. 특히 물리학이라고 하는 차가운 느낌의 이성적인 학문을 수행하고 가르쳐야 하는 교수직을 추천하는 편지에서 나온 표현이기 때문에 더 특이하고 신선하게 다가온다.

오펜하이머와 파인만의 로스앨러모스 연구소 보안 출입증 사진

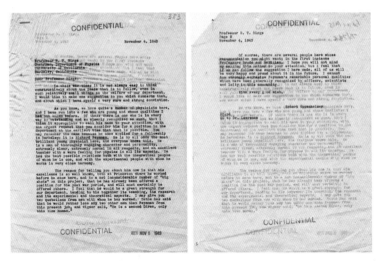

오펜하이머가 파인만을 위해 써 준 추천서 사본

그만큼 두드러진 감성과 좋은 인간관계를 가진 파인만이 대단하 다고 보는 게 당연하지만, 그 점을 관찰하고 파인만의 그런 면모가 다른 지원자들과 차별화가 될 수 있을 것이라고 믿은 오펜하이머 역시 대단한 인물이자 좋은 리더다. 오펜하이머가 말한 감성이 감성 지능의 모든 측면을 다루고 있다거나 일치하는 내용은 아니다. 하지 만 그는 탁월한 지적 능력만 가지고는 최고가 될 수 없다는 사실을, 인간적이고 감성적인 측면까지 가진 탁월한 사람은 드물다는 사실 을 일찌감치 깨닫고 있었다. 그리고 이것은 오펜하이머가 대학원 시 절에 친구들과 진로에 대해 고민하며 말했다던, "내가 가장 존경하 는 사람은 여러 가지 일들을 비상하게 잘 하지만 그래도 한줄기 눈 물을 흘릴 줄 아는 사람"이란 말을 통해서도 확인이 가능하다.

KEYWORDS

긍정심리학

강점탐구

5장

그는 싫어하고
재능도 없는
실험 물리학을 포기했다

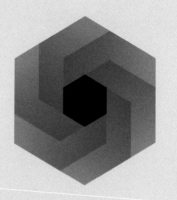

chapter. 5

영화 〈오펜하이머〉 초반에, 대학원생 시절의 젊은 오펜하이머가
등장하는 첫 장면은 다음과 같다.

영화 〈오펜하이머〉 중 한 장면(일부 각색)

오펜하이머 (독백) 저는… 열등생이었습니다.(영국 케임브리지 대학교 물리연
　　　 구실에서 오펜하이머가 당황한 표정으로 실험장비들과 씨름하고 있
　　　 다. 결국 오펜하이머는 비커를 떨어뜨린다. 그리고 비커는 산산조각
　　　 이 난다. 지도교수이자 수업을 하고 있던 패트릭 블래킷이 얼굴을
　　　 찡그리면서 사과를 한 입 베어 문다.)

블래킷 오펜하이머, 거참… 밤에 통 못 잤나? 다시 해.

오펜하이머 강연 들으러 가야 하는데요…

(중략)

블래킷 (짐을 챙기고 연구실을 떠나면서) 오펜하이머 자네는 남아서 하던 실
　　　 험이나 끝내.

이 다음에 이어지는 내용이 바로 그 유명한 독사과 사건 장면이다. 정신적으로 불안정하던 오펜하이머는 엄청난 분노를 느끼고 블래킷의 책상 위에 올려져 있던 사과에 주사기로 독극물인 시안화칼륨을 주입하는 엄청난 짓을 저지른다. 하지만 다행히도 블래킷은 독사과를 먹지 않았고 아무 일 없이 사건이 일단락되는 것으로 영화 속에서 그려진다.*

영국 케임브리지 대학교에서 배우고 있던 실험물리학이 자기의 재능과 적성에 맞지 않는다는 것을 알게 된 오펜하이머는 결국 독일의 괴팅겐 대학교로 옮겨, 자신이 좋아하고 또 잘 할 수 있는 이론 물리학에 집중하게 된다. 오펜하이머는 당시를 회고하며 자신이 실험실로 돌아가지 않아도 된다는 사실에 해방감을 느꼈으며, 이론 물리학이라는 재밌으면서도 꼭 해보고 싶은 일을 찾아서 기뻤다고 이야기했다. 이렇게 오펜하이머는 자신이 잘 못하고 게다가 좋아하지도 않는 것을 과감히 떨쳐 버리고 자신이 잘할 수 있는 것에 집중하기로 결정한다. 그 후 자신감과 자존감을 회복하고, 만족스러운 학교생활은 물론이고 이론 물리학 분야에서 훌륭한 성과들을 낼 수 있게 되었다.

오펜하이머가 실험 물리학을 버리고 이론 물리학을 선택한 이 과정은 어찌 보면 물 흐르듯이 자연스러운 수순과 결정으로 보이기도

---

* 블래킷이 독사과를 먹지 않은 것은 사실이지만 이 사건이 아무 문제없이 일단락된 것처럼 그려진 영화와 달리, 이는 결국 학교 측이 알게 된다. 오펜하이머는 정신과 치료를 받는 조건으로 법적 조치나 큰 처벌 없이 케임브리지 대학교를 마칠 수 있었다고 한다.

한다. 하지만 우리 자신과 주변 사람들을 돌아보면, 이렇게 잘 못하는 것을 과감히 버리고 잘하거나 좋아하는 일에 집중하는 것이 그리 쉬운 일만은 아니라는 것을 알 수 있다. 여러가지 이유가 있지만 많은 사람들이 지금까지 해 놓은 것이 아까워서, 혹은 새로운 변화나 불확실한 미래가 두려워서, 아니면 주변 사람들의 기대나 시선때문에 자신에게 맞지 않은 것들에 여전히 목을 매고 쉽게 놓아주지 못하는 경우가 적지 않기 때문이다.

만약 이런 상황에 놓여있는 자신을 발견한다면, 한번 진지하게 생각해 볼 수 있는 방안이 바로 '긍정심리학'이나 'AI Appreciative Inquiry'다. 과거의 심리학이나 변화관리 방법들은 거의 모두 한 개인이 가진 문제에만 초점을 두었다. 곰곰이 생각해보면 우리 대부분은 "도대체 무엇이 문제인가?"에 초점을 두는 방식, 즉 문제점에 기반한 문제해결 방식을 주로 사용하고 있음을 깨닫게 된다. 다시 말해 내가 가진 약점이나 지금까지 드러난 문제점을 어떻게 하면 고칠 것인가를 묻는다. 하지만, 그 반대로 "잘 되고 있는 것을 더 잘하는 것은 무엇인가?", 다시 말해, 내가 이미 가지고 있는 강점에 기반해 무엇을 더 할 것인가에 대해 관심을 가진다면, 내가 잘할 수 있는 것에 더 집중할 수 있는 긍정적이면서 효과적인 접근방법이 될 수 있다. 이 관점이 21세기 이후 심리학 분야의 새로운 흐름 중 하나인 '긍정심리학'이다. 긍정심리학은 인간이 가진 행복의 법칙과 행복 증진의 방법을 과학적으로 탐구하는 학문분야이다. 이 긍정심리학을 처음으로 주장한 미국 펜실베이니아 대학교의 마틴 셀리그

먼 교수는 다음과 같이 말했다.

심리학은 인간이 가진 약점과 장애에 대한 학문만이 아니라, 인간의 감정과 미덕에 대한 학문이기도 해야 한다. 진정한 치료는 손상된 것을 고치는 것이 아니라 우리 안에 있는 최선의 가능성을 이끌어 내는 것이어야 한다.

참고로, 긍정심리학을 조직과 경영의 맥락으로 가져와 접목시킨 분야로 '강점기반관리Strength-based Management', '긍정조직행동론Positive Organizational Behavior, POB' 등을 들 수 있다. 이 조직관리 방식들은 긍정심리학이나 긍정적 철학에 기반해서, 현재의 강점을 바탕으로 한 변화 방식이 긍정의 힘을 통해 개인이나 조직의 궁극적인 변화를 만들어 내고 그 안에서 더 나은 만족과 웰빙을 추구할 수 있다고 믿는다. 이러한 강점 기반 접근법들을 단순한 기법으로만 간주하기 보다는 사물과 현상을 바라보는 관점과 철학으로 보는 것이 더 맞을 수도 있다. 500cc 맥주잔의 절반이 채워져 있는 것을 보고 "반이나 마셨네"가 아닌 "반이나 남았네"라고 하는 긍정적 마인드가 그 핵심 중 하나이기 때문이다.

이어서 다른 접근방식을 살펴보자. 변화에 대한 상향식 접근, 즉 '조직개발'을 활용하고 변화에 영향을 받는 모든 사람들의 적극적인 참여로 개인이나 조직의 변화가능성과 효과를 극대화할 수 있다. 조직개발을 실행하는 여러가지 기법들 중에서도 문제점이 아닌 개인이나 조직의 강점에 기반한 변화관리기법이 앞서 말한 AI다. Appreciative Inquiry는 우리 말로 강점탐구, 긍정혁명, 긍정적 탐문, 강점기반 조직개발 등으로 다양하게 번역된다. AI는 단어 뜻 그대로 조직구성원들이 조직의 이상적인 모습을 스스로 떠올리게 하고 이를 실현하기 위한 다양한 변화 노력을 기울이는 것을 의미한다. 다른 변화관리 모델들은 전통적 문제해결방식 방법론으로서 개인이나 조직이 가진 문제점을 먼저 확인한다면, AI는 개인이나 조직이 현재 가지고 있는 강점을 먼저 확인하는 데에서 변화관리를 시작한다.

Appreciative Inquiry라는 생소한 단어를 처음 들으면 과연 그 단어가 무엇을 의미하는지 바로 파악하기 쉽지 않다. 하지만 이는 비단 외국인인 우리뿐만이 아니라 네이티브 스피커들 역시 마찬가지인 것 같다. 그래서 AI에 대한 영문 원서나 강의안들은 AI를 구성하는 각각의 단어인 'Appreciative(가치를 인정하다, 감사하다)'와 'Inquiry(질문, 탐구)'의 사전적 의미 설명부터 시작하는 경우가 많다. 'Appreciative Inquiry'의 의미를 문자 그대로 풀면 "우리가 가치를 인정하거나 혹은 감사해야 할 것들에 대한 질문"*이다. 아무래도 AI가 가진 본질적 개념의 함의가 크고 복잡하다 보니, 미국인들조차 익숙지 않은 영단어 조합으로 이루어져 있다.

AI에 대해 좀 더 잘 이해하기 위해, AI를 처음으로 주장한 미국

---

* 한국의 AI관련 문헌들을 보면 Inquiry를 '탐구'로 번역하는 경우가 더 많지만, '질문'으로 번역하는 것이 AI가 가지고 있는 본질적 특성에 더 가깝다.

케이스웨스턴리저브 대학교의 데이비드 쿠퍼라이더 교수가 언급한 다음 내용을 살펴보자.

> AI는 우리가 현재 가지고 있거나 앞으로 가질 것이라고 예상되는 긍정적 가능성 혹은 강점에 대해 질문을 던지는 방법을 의미합니다. 따라서 AI는 '무조건적인 긍정적 질문'을 통해 스스로를 탐구하는 것과 깊은 연관이 있습니다.

여기에서 키워드는 '긍정적 가능성'도 있지만 '긍정적 질문'도 포함한다. 조건 없는 긍정적 질문들이 AI를 성공적으로 적용하기 위한 기본 전제이자 접근법이라는 것은 이미 여러 연구를 통해 증명되었다. 데이비드 쿠퍼라이더가 또 다른 유명한 여성 AI학자인 다이애나 휘트니 등과 함께 저술한 《긍정적 질문 백과사전》에는 다양한 긍정적 질문의 예시와 다양한 상황에 맞는 AI 관련 질문들이 포함되어 있다. 이런 긍정적 질문으로만 구성된 책까지 있는 것을 보면 AI에서 '질문'과 '긍정적 질문'이 얼마나 중요한지 알 수 있다.

긍정심리학과 AI의 핵심내용들을 고려했을 때, 스스로 잘 못하고 있는 것을 발견하거나 한계에 봉착했을 때 할 수 있는 유일한 질문이 "이 문제를 대체 어떻게 해결하지?"가 아니라는 것은 확실하다. 마치 오펜하이머가 실험 물리학을 포기하고 이론 물리학에 집중한 것처럼, 과거에 얽매이지 않고 "내가 좋아하고 또 잘할 수 있는 것은 무엇일까?"라는 긍정적이고 미래지향적인 질문을 스스로에게 던지고 또 실천한다면, 스스로의 자존감을 높이는 동시에 더 만족스러운 삶을 추구하게 될 가능성이 높다.

긍정심리학이나 AI 모두 강점에 기반한 긍정적 변화를 추구하기 때문에 얼핏 보면 내가 처한 주변 상황이 좋거나 혹은 무엇인가 새로운 것을 추구하기 위한 에너지가 아직은 내 안에 충만해 있을 때만 그 효과가 있을 것 같이 보이기도 한다. 물론 틀린 말은 아니다. 하지만 그 반대로 주변 상황이 불안정하거나, 자신이 처한 어려움을 떨쳐내고 획기적인 변화가 필요할 때야말로 그 진가가 발휘된다는 수많은 사례들과 연구들이 있다. 어려운 시기야말로 자신에게 더 긍정적인 힘과 용기를 북돋아주어야 한다. 힘들고 어려울 때 그리고 좌절감에 몸부림치게 되더라도, 내 안에 원래 있거나 혹은 남아 있는 강점과 장점이 무엇인지, 그리고 여전히 내가 할 수 있는 최선의 것들과 그것들을 통해 달성할 수 있는 성취의 가능성을 모색해 봐야 한다.

AI는 모두 알파벳 D로 시작되는 4-D Cycle이라는 네가지 단계Discovery-Dream-Design-Destiny 의 순차적인 진행과 반복을 통해서 개인이나 조직의 긍정적인 변화가 가능하다고 이야기합 니다. 각각의 단계의 정의와 각 단계에서 스스로에게 물어볼 수 있는 질문의 예시들은 다음 과 같습니다.

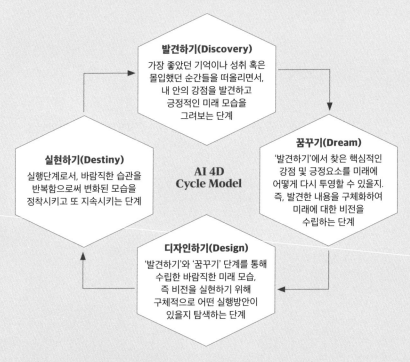

1. '발견하기' 단계의 주요 질문들

- 당신의 어렸을 적 꿈은 무엇이었습니까? 그 꿈은 여전히 유효하거나 혹은 당신의 현재나 미래의 일부입니까?
- 당신이 되고 싶어하거나 혹은 이루고 싶은 가장 이상적인 미래는 무엇입니까?
- 지금까지 가장 활발하게 그리고 열심히 참여했던 일은 무엇이었습니까?
- 지금까지 가장 즐겼던 일이나 즐거웠던 경험은 무엇이었습니까?
- 다른 사람에게 좋은 영향을 미친 적은 언제였고, 그때 당신은 어떤 사람이었습니까?

2. '꿈꾸기' 단계의 주요 질문들

- 앞으로 10년 뒤, 당신 자신은 어떤 모습이 되어있고 그 모습은 지금과 어떻게 다릅니까?
- 앞 단계에서 발견한 당신의 이상적인 모습이나 그 비전이 가지고 있는 장점은 무엇입니까?
- 앞 단계에서 발견한 당신의 강점을 활용해서 즉각적으로 실천할 수 있는 방안은 어떤 것들이 있습니까?
- 그 이상적인 미래나 비전을 실현시키기 위해서 당신이 지키거나 혹은 새롭게 가져야 할 가치나 신념은 무엇입니까?
- 내가 그 이상적인 미래나 비전을 실현시켰다는 것을 어떻게 알 수 있을까요?(어떻게 평가하거나 측정할 수 있을까요?)

3. '디자인하기' 단계의 주요 질문들

- 그 이상적인 미래와 비전을 실현시키기 위해 구체적으로 어떤 노력을 어떻게 할 생각입니까?
- 그 밖에 그 이상적인 미래와 비전을 달성하기 위해서는 무엇이 필요합니까?
- 그 비전을 달성하기 위해서는 어떤 사람들의 도움이 필요합니까?
- 당신 주변의 사람들은 당신의 미래나 비전과 어떤 영향을 주고받게 됩니까?
- 그 이상적인 미래와 비전을 어떻게 하면 더 원대하게 만들 수 있습니까?

4. '실현하기' 단계의 주요 질문들

- 당신의 이상적인 미래/비전을 실현하고자 하는 노력에 대해 어떻게 다른 사람들과 이야기를 나누고 들어볼 예정입니까?
- 당신의 도전과 노력이 멈추지 않고 계속된다는 것을 어떻게 확인할 계획인가요?
- 당신의 노력을 방해할 수 있는 장애물은 무엇이고 그 장애물은 어떻게 극복할 것입니까?
- 당신의 노력과 변화가 자신과 주변 사람들의 삶과 세상에 어떤 변화를 가져오게 될 것입니까?
- 당신이 세운 이상적인 미래나 비전보다 더 크고 원대한 비전은 무엇이고, 그것을 어떻게 달성할 수 있을지 생각해 보고 있습니까?

출처: Cooperrider, D., Whitney, D., & Stavros, J. (2003). Appreciative inquiry handbook. Bedford Heights, OH: Lakeshore Communications and San Francisco: Berrett-Koehler.

KEYWORDS

오너십

로열티

6장

제길, 나는 이 나라를
사랑한단 말이야

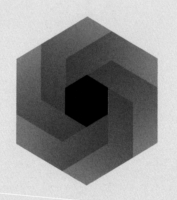

chapter. 6

영화 〈오펜하이머〉는 오펜하이머의 일대기를 다룬 책인《아메리칸 프로메테우스》를 원작으로 만든 영화다.

신들에게서 불을 훔쳐 인간에게 전해주었으나 결국 신들의 노여움을 사 고통스러운 형벌을 받게 된 그리스 로마 신화의 '프로메테우스'를 제목으로 사용한 것을, 저자인 카이 버드와 마틴 셔윈은 책 서문에서 이렇게 말하고 있다.

그는 원자폭탄의 아버지이자 미국의 프로메테우스였다. 나중에 그는 원자력의 잠재적 이로움과 위험성에 대해 현명하게 발언했고, 학계 전략가들이 옹호했고 군부가 받아들인 핵 전쟁 제안들에 대해서는 비판적인 입장을 취했다.

(핵무기를 없애야 한다는) 오펜하이머의 경고는 무시되었고, 궁극적으

로 그는 침묵할 수밖에 없었다. 반항적인 그리스의 신 프로메테우스가 제우스로부터 불을 훔쳐 인류에게 주었듯이, 오펜하이머는 우리에게 핵이라는 불을 선사해 주었다. 하지만 그가 그것을 통제하려고 했을 때, 그가 그것의 끔찍한 위험성에 대해 경고하려고 했을 때, 권력자들은 제우스처럼 분노에 차서 그에게 벌을 내렸다.

여기에서 말한 벌이란 1954년에 열린 원자력에너지위원회 보안청문회가 오펜하이머의 비밀 취급 인가가 만료되기 단 하루 전 취소시킨 것을 말한다. 이는 오펜하이머가 핵무기의 아버지로서, 그리고 미국을 대표하는 과학자로서 내고 있던 목소리를 막아버린 것을 의미한다. 더 큰 의미로는 오펜하이머처럼 정부정책을 비판하거나 다른 의견을 가진 과학자들에게 주는 강력한 경고 메시지이기도 했으며, 매카시즘McCarthyism* 광풍이 몰아치던 당시, 반대 진영에 서 있었던 이들의 패배를 의미하기도 했다. 당시 미국의 극보수잡지들은 원자력에너지위원회의 결정을 지지하고 오펜하이머의 몰락을 환영하는 기사들을 내보냈고, 미국 하원의회 회의장에서 그 결정이 발표되었을 때 몇몇 위원들은 기립박수를 쳤다고 전해진다.

거의 10년이라는 시간이 지난 후 1963년, 오펜하이머는 과학과 기술분야의 가장 권위있는 상이자 미국 대통령과 에너지부 장관의

---

* 1950년대 미국에서 벌어진 극단적인 반공주의反共主義, Anti-communism를 의미한다. 공산주의자 및 공산주의적 활동가들을 공격적으로 색출해서 조사하고 그들을 추방하거나 격리하려는 목적을 지닌다. 이에 앞장선 상원의원 조지 맥카시George McCarthy의 이름에서 유래했다.

승인 하에 수여되는 '엔리코 페르미 상'을 받는다. 다시 그로부터 60여 년의 시간이 흐른 후 지난 2022년 12월, 미국 에너지부 장관인 제니퍼 그랜홈은 1954년에 내려진 원자력에너지위원회의 결정을 취소한다는 공식 성명서를 발표했다. 그 주된 이유로 당시 오펜하이머에 대한 결정이 정치적인 동기로 인해 불공정하게 내려졌다는 것을 들었다. 그랜홈 장관은 미국 정부가 국가를 위해 최고의 노력과 탁월한 능력을 보인 사람을 어떤 식으로 취급했는지 우리 모두는 절대 잊지 말아야 한다며 성명서를 끝마치고 있다. 이렇게 오펜하이머의 비밀 취급 인가가 취소된 지 68년 만에, 그리고 1967년 오펜하이머가 세상을 떠난 지 55년 만에 마침내 그의 실질적인 복권이 이루어진 것이다.

엔리코 페르미상을 받는 오펜하이머

비록 오랜 시간이 걸렸지만 오펜하이머가 가진 국가를 향한 충성심과 애국심은 의심할 여지가 없었다는 것이 밝혀졌다. 그가 로스앨러모스의 총책임자로서 핵폭탄 개발이라는 국가의 중대한 미션을 문제없이 수행했다는 사실뿐만이 아니라, 자신이 만든 핵폭탄이 오히려 국가와 전세계를 파괴할 수 있다는 생각에 핵무기 확산을 막으려고 했던 노력들까지도 인정받았다. 전쟁 후에 오펜하이머가 보인 노력과 행보들 역시 그가 가진 강한 애국심과 큰 책임감에서 비롯되었다는 사실이 비로소 증명된 것이다.

핵무기 확산을 저지하려는 자신의 노력이 핵군비 확장을 지지했던 트루먼 대통령과, 소련과 공산주의에 대한 적대감으로 점점 커지고 있던 매카시즘에 빠진 많은 위정자들의 미움을 사는 일이라는 것을 그가 몰랐을 리 없다. 하지만 그는 프로젝트가 끝난 후에도 여전히 무거운 책임감을 느끼고 자신이 옳다고 믿는 일을 했다. 자신이 만든 핵폭탄으로 야기된 잔혹한 현실을 직면하고, 핵무기 확산 반대라는 여전히 자신이 해야 할 일이 있다는 것을 알았기 때문에 힘을 가진 이들에게 굴복하지 않았다. 적어도 당시의 위정자들보다 더 큰 책임감을 가지고 있었기 때문에 가능한 일이다.

우리는 전쟁 후의 오펜하이머를 통해, 책임감을 가진 사람이 보여주는 용기와 행동을 확인한다. 이런 사람이 국가에 대한 의무를 이행하는 것처럼, 책임감 있는 직원들은 조직 안에서 자신의 업무를 성실히 수행하기 위해 노력한다. 그들은 자신뿐 아니라 전체 조직을 위해 자발적으로 더 노력을 기울인다.

우리는 이렇게 책임감을 가지고 성실히 일을 하는 사람들을 가리켜, '주인의식'이나 '오너십'을 가진 사람이라고 말한다. 오너십은 어떤 개인이 자신의 일에 대해 책임을 지려고 하고, 그 일이 정말 '자기의 것'이라고 생각하는 것이다.* 그래서 우리는 오너십과 유사한 뜻을 가지고 있는 한글 단어인 '주인의식'을 같이 사용한다. 오너십과 주인의식의 핵심은 대상이 내 것이라는 소유감을 가지면서, 나와 대상이 심리적으로 연결되어 있다고 믿는 것이다. 오너십을 가진 사람은 책임의식을 바탕으로 자신에게 주어진 일에 적극적이면서도 자발적으로 참여함으로써 결국 조직에 헌신한다.

기존 연구들에 따르면 오너십을 가진 사람은 높은 동기 수준을 보이고 자기주도적으로 행동하며 다른 사람들과도 잘 협력하기 때문에, 개인의 만족도나 성취감은 물론이고 조직 전체의 성과를 높이는 데 중요한 역할을 한다. 그리고 오너인 경영자나, 경영진, 해당 조직에서 오래 일한 사람들, 다시 말해 상위 직급에 있는 리더들일수록 더 높은 오너십을 가지고 있는 경우가 많다. 이런 이유로 경영자들이나 리더들은 일반직원들도 자신과 같거나 비슷한 주인의식 혹은 책임의식을 가지기를 바라는 경우가 많다. 최근 우리나라 100대 기업을 대상으로 한 설문조사에서 '책임의식'을 가진 인재를 원

하는 기업이 많아졌다는 사실이 이를 증명한다.

오너십이나 책임감을 가지고 있는 것은 바람직하다. 직급이나 직책을 떠나서 누군가 오너십을 가지고 있다면, 그 개인과 그 개인이 속한 조직은 윈-윈 할 수 있다. 하지만 다른 문제가 생길 수도 있다. 내가 오너십을 가지고 있고 없고를 떠나서 다른 사람에게, 특히 상대적으로 근무연수가 짧고 오너십을 가질 기회가 적을 수밖에 없는 부하직원들에게 더 높은 책임감이나 주인의식을 요구하거나 강요하는 경우이다.

예를 들어, 많은 CEO들이 자신의 개인적인 신념이나 가치관을 기업의 핵심가치나 인재상 등에 반영해서 조직 구성원 모두가 그 가치관을 가질 것을 기대한다. 자신이 오너십을 가지고 있기 때문에, 부하직원들도 책임감과 주인의식을 가지고 일할 것을 바라는 것이다. 물론 그럴 수 있다. 하지만 그 주인의식은 해당 경영자들이 회사를 키워왔던 당시, 즉 평생직장이라는 개념과 함께 고용이 안정되어 있던 수십 년 전이기에 가능했다는 사실을 잊지 말아야 한다. 장기근속이라는 매개체를 바탕으로 회사는 오너십을 요구할 수 있고 또 직원은 오너십을 더 쉽게 가질 수 있는 상황이었다. 하지만 불안정한 고용시장은 물론 임시직과 이직은 낯설지 않지만 장기근속은 참 낯설게 느껴지는 오늘날의 노동시장 환경, 그리고 일반 직원들이나 MZ세대들이 가지고 있는 직장관을 염두에 둔다면 그들에게도 상사나 리더들과 같거나 비슷한 수준의 오너십을 요구한다는 것이 말이 되는 것인지 냉정하게 고민해 볼 필요가 있다.

2024년 현재를 살아가는 우리는 고용의 불안전성과 직원들이 직장과 일에 몰입하기 어려운 상황을 나타내는 '대퇴사', '대해고', '조용한 퇴직' 등의 트렌드가 심심치 않게 들려오는 저몰입의 시대에 살고 있다. 직장인 누구에게나 결코 녹록치 않은 워라밸, 그리고 직장보다는 직장 밖에서 삶의 목적과 웰빙을 추구하는 직원들이 더 많아지고 있다는 현실도 조직구성원 개인이 조직에 오너십을 가지기 어렵고 조직도 개인에게 무작정 오너십을 강요할 수 없다는 것을 일깨워 준다. 이런 상황에도 앞서 언급한 100대 기업이 원하는 인재상으로 책임의식을 가진 사람을 꼽았다는 사실은 기업과 리더는 여전히 직원들에게 충성심과 주인의식을 요구하고 있는 불편한 현실을 보여준다.

그렇다고 이 현실을 가만히 보고만 있으라는 것은 아니다. 직원들에게 무작정 오너십을 가지라고 강요할 수는 없지만, 어떻게 하면 그들이 좀 더 높은 오너십과 책임감을 가질 수 있을지 고민해 봐야 한다. 물론 개별 기업은 상황과 근무환경, 그리고 무엇보다도 인적 구성이 다르기 때문에 그 접근법도 달라야 한다. 여기서는 좀 더 일반적인 접근법으로서 활용할 수 있는 '직원 발언권'을 소개해 그 실마리를 찾아보려고 한다.

제도로서 잘 정착되지 않은 것 중 하나가 직원 발언권 제도이다. 직원 발언권 제도는 직원들이 자신의 업무 혹은 조직에 영향을 미치는 문제와 관련하여 발언권을 갖고 조직에 영향을 미치려고 시도하는 수단과 방법들을 의미한다. 누군가는 군대의 '소원수리함'을 바로 떠올릴 수도 있다. 이는 단순히 소원수리함이나 인터넷 신문고 같이 소통창구를 열어 두는 것만이 아니라, 여러 다양한 발언 채널들을 활용하는 동시에 발언 내용들이 잘 기록되고 공유될 수 있는 매커니즘을 구축해서, 직원들의 의견의 묵살되거나 왜곡되지 않고 리더를 포함한 그 대상에게 잘 전달되도록 만드는 것이 핵심이다. 참고로, 해외 기업들이 활용하고 있는 발언 채널의 예시는 다음과 같다.

- 조직 개선을 위한 문제해결 그룹 설치 및 운용
- 내부고발자 보호를 포함한 내부고발정책 및 후속절차 수립
- 고용계약상의 문제를 해결하기 위한 고충 및 항소절차 수립
- 정기적인 '펄스 서베이*'를 통한 직원 피드백 수집
- 직장에서 리더를 포함한 타인이 룰을 따르지 않을 때 경고를 표시하는 방법을 교육
- 쌍방향 커뮤니케이션 및 피드백을 위한 리더-부하직원 간 정기 1:1 미팅
- CEO, 임원진, 주요 리더들의 업무 시간 개방
- 새로운 제안을 자유롭게 토의할 수 있는 공개 포럼/미팅 개최
- 회사의 현 상황과 실적에 대한 투명한 커뮤니케이션

직원 발언권 제도의 체계적이고 투명한 운영은 조직 내 표현의

• 펄스 서베이는 지속적인 피드백 수집과 직원 만족도 등을 측정하기 위해 일회성이 아닌 정기적으로 (대개 그 주기가 매우 짧음) 직원들에게 받는 짧은 설문을 의미한다.

자유가 보장되는 분위기를 만들어서, 조직구성원들의 조직에 대한 오너십과 책임감을 높일 수 있는 장치가 된다. 오너십이 낮은 직원들은 저마다 이유를 가지고 있다. 그 이유를 들어보고 여럿이 함께 해결의 실마리를 찾고자 노력하는 분위기가 조성된다면, 비록 근본 문제가 즉시 해결되지는 않더라도 그 이야기를 들어준 리더나 동료들에게 좀 더 높은 유대감을 지니게 된다. 이는 좀 더 높은 주인의식이나 리더나 조직에 대한 높은 몰입으로 연결될 수 있을 것이다. 직원 발언권 제도의 성공여부는 직원들이 더 쉽게 목소리를 낼 수 있도록 권장하고 촉진하는 분위기 혹은 장치 여부에도 달려있다는 것을 알아야 한다.

당연히 MZ세대 직장인들을 포함한 일반직원들도 할 일이 있다. 재차 강조하지만 오너십과 책임감을 가지는 것이 나쁜 것은 아니다. 내가 좀 더 높은 책임감을 가지고 업무를 한다면 당연히 그로부터 오는 성취감 역시 커진다. 그로써 원하는 방향으로 커리어를 차곡차곡 쌓아갈 수 있다. 개인적인 이유나 자신의 조직 내 상황으로 인해 책임감을 가지기 어렵더라도, 그리고 스스로의 낮은 오너십으로 인해 조용한 퇴직이나 퇴사를 심각하게 고민하더라도, 이를 실행에 옮기기 전 자신에게 반드시 던져야만 하는 질문이 있다. 바로 "내가 가진 불만을 남에게 토로해 본 적은 있는가?"이다.

1970년 독일의 경제학자 앨버트 허쉬만이 처음 소개하고 1980년대에 들어 카릴 러스불트 등의 조직심리학자들이 발전시킨 EVLN Exit, Voice, Loyalty, Neglect 모델이 있다. 조직구성원들이 만족하지 못했을 때 택할 수 있는 선택지는, 떠나거나Exit, 목소리를 내거나 Voice, 인내심을 가지고 기다리거나Loyalty, 무시하고 방관Neglect 하는 것 중 하나라는 것이다. 퇴사는 Exit를 선택한 이들이고, 조용한 퇴직자들은 Neglect를 선택한 사람들로 상황은 그대로 둔 채 자신의 노력을 줄인 직장인들이다. 불만이 있지만 조용히 있는 이들은 비록 수동적이지만 아직은 남아있는 일말의 주인의식을 가지고 상황이 나아지기를 기다리는 구성원들이다.

Voice 옵션을 선택한 개인들은 자신의 발언이 변화를 만들 수 있다고 믿기 때문에, 적어도 Exit나 Neglect를 선택한 직원들보다는 상대적으로 높은 오너십을 가지고 있다고 볼 수 있다. Voice를 선택하는 것이 쉬운 일은 아니다. 이미 불만족을 경험한 상태에서 목소리를 내는 것은 변화를 만들고자 하는 자발적인 행동이다. 그 때문에 추가적이고 적극적인 노력이 필요하다. 앞서 설명한 직원 발언권 제도나 목소리를 낼 수 있는 분위기도 필요하다. 그럼에도 불구하고, 퇴사 혹은 조용한 퇴직이라는 선택지를 고르기 이전에 'Voice'라는 좀 더 적극적인 옵션이 있음을 아는 것은 매우 중요하다. 공식 채널을 통해 목소리를 내는 방법도 있지만 비공식적으로 상사나 동료에게 자신이 처한 상황을 설명하고 이해를 구하는 방법도 있다. 비록 낮은 오너십으로 인해 조직이나 주변사람들에게 더 이상의 기대는 없더라도, 혹시라도 내 이야기를 들어줄 수 있는 이가 한 명이라도 남아 있다면 자신이 처한 상황에 대해 이야기할 수 있는 용기가 필요하다.

오펜하이머는 트루먼 대통령을 만난 자리에서 "각하, 저는 제 손에 피가 묻어 있는 것 같습니다"라고 이야기했다가 그에게 울보 과학자라며 멸시를 받는다. 오펜하이머는 이 말을 통해 자신은 여전히 핵폭탄 투하에 대해서 책임을 지고 싶다는 굳은 의지를 보여주려고 했던 것 같다. 그 역시 목소리를 내서 핵확산을 주장하던 당시 위정자들의 잘못된 판단을 지적하고 또 변화가 필요하다는 것을 말하고 싶었던 것이다.

이를 오펜하이머가 느끼는 막중한 책임감의 발로라고 생각하기는커녕 화를 낸 트루먼 대통령은 오펜하이머가 말한 그 피가 책임감과 오너십을 뜻하는지조차 알지 못했던 것 같다. 오펜하이머가 가진 더 큰 책임감은 보지도 못한 채 그 피를 단지 책임감의 일부인 죄책감으로만 받아들였거나, 아니면 오만함 혹은 열등감에 똘똘 뭉쳐 핵폭탄 투여를 결정한 것은 자신이기 때문에 자신의 공이 오펜하이머보다 더 크다고 생각하고 있었을 가능성도 높다.

리더라면 적어도 부하직원들보다는 더 큰 오너십과 책임감을 가지고 일을 해야만 한다. 하지만 그 책임감을 부하직원에게 강요할 수는 없다. 같이 일하고 있지만 부하직원들의 입장과 상황은 리더와 다를 가능성이 크다. 훌륭한 리더가 할 수 있는 것은 부하직원들이 앞으로 더 큰 오너십을 가질 수 있도록 묵묵히 지원하는 것이다. 부하직원들이 자신의 목소리를 더 편하고 더 크고 또 솔직하게 낼 수 있는 분위기를 만들어 준다면, 바로 그게 부하직원은 물론이고 리더와 조직 모두가 더 커진 오너십과 함께 더 좋아지는 지름길이다.

오너십은 어떤 개인이 자신의 일에 대해 책임을 지려고 하고, 그 일이 정말 자기의 것이라고 생각하는 것을 의미합니다. 오너십을 가진 사람들은 다음과 같은 특징들을 가지고 있습니다. 아래 각 특징을 잘 읽고, 해당 내용이 현재 여러분에게도 해당되는지를 '예', '아니오'로 답해 보십시오.

1. 나는 내게 주어진 일뿐만이 아닌 다른 사람들의 업무까지도 돕는다.

2. 나는 이 조직에 긍정적인 영향을 줄 수 있다고 믿는다.

3. 나는 일하면서 생길 수 있는 어려움과 좌절을 극복할 수 있다고 믿는다.

4. 나는 새로운 업무와 책임을 감당할 능력이 있다.

5. 나는 이 조직이 나의 일부라고 느낀다.

6. 나는 이 조직에 속한 것이 자랑스럽다.

7. 나는 내 동료들과 강한 유대감을 느낀다.

8. 나는 상사나 동료들이 나를 소중하게 여긴다고 느끼고 또 이를 감사하게 생각한다.

9. 나는 공동의 목표를 향해 노력하는 팀의 일원이라고 느낀다.

10. 나는 조직 내에서 내 의견과 아이디어가 존중받는다고 느낀다.

11. 나는 이 조직의 성공에 개인적으로 책임이 있다고 느낀다.

12. 나는 조직이 목표를 달성하도록 돕기 위해 최선을 다할 의향이 있다.

13. 나는 나 자신의 성과뿐 아니라 내가 속한 팀의 성과에 책임이 있다고 믿는다.

결과해석 :

1. 만약 '예'라고 대답한 항목의 개수가 9개 이상이라면, 당신은 당신이 속한 조직 내에서 오너십을 가지고 일하고 있는 사람입니다.

2. 만약 '예'라고 대답한 항목의 개수가 5개에서 8개 사이라면, 당신은 적당한 수준의 오너십을 가지고 있는 사람입니다. 만약 당신이 더 높은 오너십을 가지기를 원한다면, '아니오'라고 대답한 항목들을 다시 한번 읽어 보시고 해당 내용을 실천해 보시기 바랍니다.

3. 만약 '예'라고 대답한 항목의 개수가 4개 이하라면, 당신은 낮은 수준의 오너십을 가지고 있는 사람입니다. 그것이 문제가 되지는 않습니다. 다만, 낮은 오너십은 퇴사나 이직으로 연결될 수 있기 때문에, 만약 현재의 조직에서 남아 있기를 원한다면 위의 항목들을 다시 한번 하나씩 꼼꼼히 살펴 보시고, 해당 내용들을 실천해 보려고 노력하시기 바랍니다.

조직 내 긍정적인 발언권 문화, 즉 직원들이 자기 목소리를 낼 수 있는 분위기가 있다면 개인 직원들은 물론이고 조직 전체에 이득이 될 수 있습니다. 많은 연구들은 긍정적인 발언권 문화가 더 나은 의사 결정, 창의성과 혁신, 더 빠른 문제 해결, 직원 참여 및 몰입, 줄어든 갈등, 내부 고발 감소 등에 긍정적인 영향을 미친다는 것을 밝혀냈습니다. 이렇게 직원들이 자신의 의견을 적극적으로 표현하고 또 이를 듣는 환경이나 조직문화를 만드는 것은 매우 중요합니다. 많은 기업들은 다음의 예시 항목들을 통해서 조직 내 발언권 문화가 있는지 여부와 수준을 정기적으로 측정합니다.

1. 심리적 안전

- 상사나 동료와 의견이 다르더라도 편안하게 의견을 표현할 수 있다.
- 내 아이디어를 공유함으로써 남들에게 비웃음을 사거나 혹은 불이익을 받을까 걱정하지 않는다.
- 내가 속한 조직에서는 위험을 감수하는 것과 혹시 모를 실패에 대해 관대한 편이다.
- 내가 속한 조직은 개방적이고 솔직한 의사소통을 장려한다.

2. 심리적 지원

- 나의 상사는 내 제안과 피드백을 받아들인다.
- 내가 속한 조직에서 내가 목소리를 낼 수 있고 또 진지하게 받아들여질 것이라고 믿는다.
- 우리 팀원들은 서로 경청하고 서로를 지지한다.
- 내가 속한 조직에는 아이디어를 제안하거나 우려를 표명할 수 있는 확실한 채널이 있다.

3. 심리적 보상

- 내 의견을 표현하고 새로운 아이디어를 공유하는 것을 인정받는다.
- 내가 속한 조직에서 내 목소리로 변화를 만들 수 있다고 생각한다.

- 내가 속한 조직에서는 주도적이고 적극적으로 행동하는 것에 대해 보상을 받을 수 있다.
- 나의 기여는 팀과 조직에서 인정받고 또 가치 있게 여겨진다.

4. 발언의 효과성

- 내가 의견을 표현하면 내가 속한 조직에 긍정적인 변화가 일어날 수 있다.
- 나의 기여는 내가 속한 조직의 성공에 의미 있는 영향을 미친다.
- 내가 공유한 아이디어를 통해 문제를 해결하고 더 나은 결정을 내릴 수 있다.
- 내가 속한 조직은 직원들의 의견이나 피드백을 반영하려는 노력을 보인다.

이 밖에도 인터뷰 등을 통해서 직원들이 조직에서 자신의 목소리를 내는 데 얼마나 편안하게 생각하는지, 그리고 더 자유롭게 목소리를 낼 수 있도록 회사는 어떤 지원을 해줘야 하는지 물을 수 있습니다. 각각의 조직이 처한 상황과 현재의 조직문화를 고려해서, 설문이나 1:1 인터뷰뿐만이 아닌 포커스 그룹 인터뷰, 관찰 (예: 회의 및 토론에서 직원이 발언하는 빈도 등) 등 다양한 방법을 통해 발언권 문화를 진단하고 개선하기 위해 노력할 필요가 있습니다.

OPPENHEIMER

Part 2

탁월한 리더는
만들어진다

—

새로 태어난 오펜하이머

LEADERSHIP

비전창조 일의 의미 의미와
목적창조

7장

그걸 나치가 먼저 가지면
어떻게 되겠어?

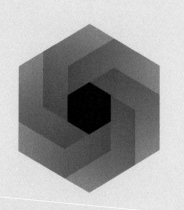

chapter. 7

리더십의 주요기능, 즉 리더가 해야 할 일은 너무나도 다양하지만 많은 리더십 학자들의 수많은 의견 중에 공통적으로 포함되는 것은 일의 의미와 목적을 명확하게 제시해야 한다는 것이다. 다시 말해 비전을 만들고 그 비전을 모두에게 납득시키는 것은 리더가 해야 할 중요한 임무다. 영국의 저명한 조직/사회학자인 브라이먼은 리더를 "일의 의미를 관리하는 사람"이라고 정의하기도 했다.

이는 '리더'와 '관리자'의 차이에서도 살펴볼 수 있다. 우리는 '리더'라는 단어와 '관리자'라는 단어를 혼용하기도 하지만, 그 단어들이 사용되는 맥락을 잘 들여다보면 차이점을 발견할 수 있다.

리더와 관리자 모두 다른 사람들, 특히 부하직원들에게 영향력을 행사한다는 공통점이 있다. 하지만 관리자들이 단기적 목표를 설정하고 안정적인 성과를 추구하는 반면, 리더들은 큰 그림을 가지고 장

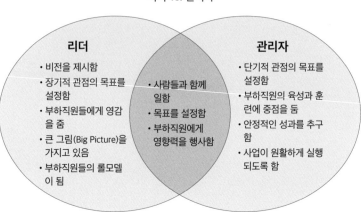

리더 vs. 관리자

리더
- 비전을 제시함
- 장기적 관점의 목표를 설정함
- 부하직원들에게 영감을 줌
- 큰 그림(Big Picture)을 가지고 있음
- 부하직원들의 롤모델이 됨

- 사람들과 함께 일함
- 목표를 설정함
- 부하직원에게 영향력을 행사함

관리자
- 단기적 관점의 목표를 설정함
- 부하직원의 육성과 훈련에 중점을 둠
- 안정적인 성과를 추구함
- 사업이 원활하게 실행되도록 함

기적 관점에서 명확한 목표와 비전을 제시해 부하직원들에게 영감을 준다. 이러한 이유로 관리자라고 해서 모두 다 리더는 아니며, 우리 모두가 관리자가 되기 보다는 리더가 되기 위해 노력해야 한다.

여기에서 비전은 집단이나 조직이 궁극적으로 성취하고 싶은 것, 즉 조직의 이상적인 미래를 의미한다. 따라서 리더가 비전을 제시해야 한다는 것은 조직구성원들이 원하는 미래에 도달했을 때 어떤 모습일지를 구체적이면서도 매력적으로 보여줄 수 있어야 한다는 것을 말한다.

이게 말은 쉬워 보이지만 결코 쉬운 일이 아니다. 비전은 이상적, 즉 모두가 생각할 수 있는 범위 내에서 가장 완전하다고 여겨지는 것이어야 하지만 실현 불가능한 것은 아니어야 하기 때문이다. 그러므로 비전을 수립하기 전에 먼저 현실을 냉정히 분석해야 한다. 현재 자신들의 위치나 수준이 어떤지를 알아야, 미래의 바람직한 위치와 수준을 정하고 그 둘 사이의 갭을 메꾸기 위한 행동계획으로서의 전략을 세울 수 있다.

맨해튼 프로젝트와 로스앨러모스 연구소는 제2차 세계대전의 종식, 그리고 구체적으로는 독일보다 먼저 원자폭탄을 만들어야 한다는 확실한 목적의식을 가지고 있었다. 예를 들어, 로스앨러모스에서 일했던 화학자 조셉 허쉬펠더는 그 분위기에 대해 다음과 같이 회고했다. "당시 우리가 원자폭탄을 연구하는 것에 대해 도덕적인 문제를 제기하는 사람은 아무도 없었습니다. 로스앨러모스의 모든 사람들은 히틀러와 일본이 우리의 자유를 파괴하는 것을 막아야 한다고 생각했어요. 이건 학문적이나 윤리적인 문제가 아니었습니다. 우리의 친구들과 가족들이 죽고 있었고, 나 스스로도 정말 무서웠기 때문이죠."

이렇게 전쟁이 모두에게 확실한 목적을 제공한 것은 맞지만, 로스앨러모스의 수장이었던 오펜하이머는 나치보다 빠른 핵무기 개발이라고 하는 공식적인 임무를 넘어, 그들이 하는 일의 진정한 의미와 바람직한 미래의 모습, 즉 '비전'을 로스앨러모스의 모두에게 불어넣으려고 노력했다. 그 증거로 오펜하이머와 함께 일했던 많은 사람들은 오펜하이머의 탁월한 일에 대한 의미부여와 비전 창조 능력에 대해 언급했다.

오펜하이머는 연구소의 다른 이들과 소통할 때 단순히 로스앨러모스가 무엇을 해야 하는지에 대한 설명뿐 아니라 미래에 로스앨러모스가 어떤 위치와 수준에 있을지에 대한 생생한 이미지를 제공했다고 한다. 다시 말해, 오펜하이머는 전시 공식 임무를 넘어선 로스앨러모스의 원대한 비전, 즉 로스앨러모스가 해낼 수 있는 모든 것들을 분명하게 제시해 구성원들의 열정과 도전정신을 불러일으킨 것이다.

예를 들어, 오펜하이머는 로스앨러모스는 단순히 폭탄을 만드는 것이 아니라 오히려 인류에게 엄청난 이익을 가져다주는 장소가 될 것이라고 구성원들을 설득했다. 원자폭탄 개발이 로스앨러모스의 주요 임무였던 것은 맞다. 하지만 오펜하이머에게 원자폭탄은 로스앨러모스의 일부분에 불과했다. 오펜하이머는 구성원들에게 원자폭탄 뒤에 숨겨진 과학지식과 기술, 엄청나게 복잡한 문제를 해결할 수 있는 기회, 거대한 도전을 할 수 있는 찬스 등 더 큰 그림을 보여주기 위해 부단히 노력했다. 그는 로스앨러모스를 "새로운 역사를 창조하는 장소"라고 다시 정의하고 지금까지 인류에게 불가능했던 것을 창조하는 기회이자 새로운 도약이라는 비전을 창조함으로써 로스앨러모스 구성원 모두의 가슴을 뛰게 만들었다.

오펜하이머가 그로브스와 함께 로스앨러모스에서 일할 과학자들을 모집했을 당시를 생각해 보자. 아마 그들을 설득하기 위해 정말 많은 시간과 노력을 들여야만 했을 것이다. 당시 많은 과학자들은 프로젝트의 성공여부에 강한 불신과 불안감을 가지고 있었다. 게다가 사막 한가운데 감금된 채 언제 끝날지 모르는 프로젝트를 수행해야 한다는 것 역시 프로젝트 참여를 주저하게 만들었을 것이다.

하지만 로스앨러모스의 매력적인 이미지를 만들어 내는 마술사이자 훌륭한 소통가였던 오펜하이머는 과학자들과 자주 개인적으로 만나 로스앨러모스의 비전을 들려주며 그들의 합류를 독려했다. 이때, 그는 연구소의 전시 임무를 당연히 언급했지만, 위대한 과학 프로젝트와 역사를 만들 수 있는 기회 역시 강하게 어필했던 것 같다. 로스앨러모스에 합류하기 위해 프린스턴 대학교를 떠난 로버트 윌슨은 오펜하이머가 프로젝트에 대해 묘사한 것이 정말 낭만적으로 들렸다고 했으며, 레오 라바텔리 역시 오펜하이머가 로스앨러모스 연구소를 과학적 상상력으로 가득 찬 신비로운 장소로 묘사했다고 기억한다.

구성원들의 가슴을 뛰게 만드는 비전을 수립한 후 리더가 해야 할 또 하나의 숙제는 그 비전을 설명하고 납득시키는 것이다. 아무리 좋은 비전이라도 구성원의 공감과 참여를 얻지 못한다면 공허한 외침에 불과하다. 모든 구성원이 같은 비전을 추구하고, 비전을 향한 헌신과 열정을 끌어 내기 위해 리더들은 자신의 발로 직접 뛰어야 한다. 비전의 일방적인 하달이 아닌 구성원과의 양방향 소통으로 비전에 대한 그들의 의견과 피드백을 듣고 존중해야 한다. 이를 통해 구성원 개개인은 조직의 비전과 연결된 자신의 비전은 물론이고 자신이 수행하는 일의 의미와 목적, 더 나아가 자신의 미래 모습도 발견할 수 있다. 예를 들어, 로버트 윌슨은 "우리가 무엇을 하고 있는지, 삶은 무엇인지, 그리고 관계는 무엇인지에 대한 오펜하이머의 시적(은유적)이면서도 확실한 비전들이 내 가슴을 뛰게 만들었다"고

하면서 "그와 이야기를 나누면서 나는 더 똑똑하고, 더 강렬하고, 더 선견지명을 가지고, 스스로의 감정에 더 충실한 나 자신이 되었다"고 회고했다. 이것이 바로 비전을 창조하고 납득시킨 후 구성원들에게 기대해 볼 수 있는 가장 이상적인 상태이자, 모든 리더들이 지향해야 할 비전에 대한 공감대의 형성이다.

전문성　　문제해결력

8장

그는
천재입니다

chapter. 8

오펜하이머의 가장 뛰어난 특징으로 물리학자로서의 '전문성'을 꼽을 수 있다. 원자폭탄 개발 같은 대형 프로젝트를 진두지휘한 과학자로서, 양자물리학과 핵물리학 분야에서 그의 과학적 전문성과 기술적 전문성은 어찌 보면 당연하다. 하지만, 우리 주변을 잘 돌아보면, 현재 자신이 담당하고 있는 일에 필요한 전문적인 지식이나 능력을 가지지 못한 채, 어쩌다 보니 그 일을 맡거나 조직을 이끌고 있는 경우도 종종 볼 수 있다.

리더에게 가장 필요한 요건이 자신이 책임지고 있는 일에 대한 전문성인데도 불구하고, 다른 필요한 요건들이 워낙 많다 보니 전문성이 주는 가치와 역량이 상대적으로 작아 보이기 때문이기도 하다. 그리고 경영학개론 교과서나 리더십 관련 책들에서 흔히 볼 수 있는 다음에 나올 표에 대한 오해 역시 전문성이라는 필수 역량의 가

상위직급 관리자 (Top Management)	**개념적 기술** (Conceptual Skills)	
중간직급 관리자 (Middle Management)	**인적 기술** (Human Skills)	
초급 관리자 (First-line Management)		**전문적 기술** (Technical Skills)

관리자에게 필요한 세 가지 스킬

치를 떨어지게 만들기도 한다.

위의 표는 미국의 사회·조직 심리학자 로버트 카츠가 〈하버드 비즈니스 리뷰〉에 1955년에 실은 '효과적인 관리자의 기술'의 주요 내용을 도식화한 것이다. 그는 조직 내 관리자들은 다음의 세 가지 스킬을 가져야만 하고, 표처럼 조직 내 위계단계에 따라 필요한 스킬의 비중이나 중요성은 각각 다르다고 주장했다.

1. **전문적 기술:** 개인이 수행하고 있는 특정한 전문 분야와 관련이 있다. 예를 들어, 해당 분야의 업무를 잘 수행하기 위한 기능적이고, 문제를 해결하기 위한 기술 등을 포함한다.

2. **인적 기술:** 다른 사람들과 효과적으로 상호 작용할 수 있는 개인 능력을 말한다. 예를 들어, 조직이나 팀의 구성원으로서 다른

사람들, 특히 부하직원들과 함께 협력해서 공동의 목표를 달성하기 위해 동기를 부여하거나 갈등을 해결하는 기술 등을 포함한다.

3. 개념적 기술: 근시안적인 사고를 벗어나 큰 시야를 가지고 전체를 볼 줄 아는 능력을 말한다. 예를 들어, 현재 자신이나 자신이 속한 팀의 일들이 전체 조직의 성과와 어떻게 연결되어 있고 어떻게 영향을 미치는지, 그리고 현재 하고 있는 일들이 미래에 어떤 결과를 낳을 것인지 등을 포함한다.

이 중 전문적 기술은 상위 직급으로 갈수록 그 중요성이 줄어들고, 인적 기술은 모든 직급에서 동등하게 중요하며, 개념적 기술은 상위 직급으로 갈수록 그 중요성이 커진다는 것이 카츠가 주장한 내용이다[*]. 하지만 여기에서 전문적 기술의 중요성이 상위 직급으로 갈수록 떨어진다는 내용을, 상위 직급의 리더에게는 전문적 기술이 별로 중요하지 않다고 이해하는 것은 잘못된 해석이다. 위계에 따른 각각 스킬이 가진 중요성의 변화는 '상대적'이다. 다시 말해, 상위 직급으로 갈수록 나머지 두 기술보다는 전문적 기술이 상대적으로 덜 중요하다는 것이지, 전문성이나 전문적 기술이 없어도 된다는 뜻이 아니다. 게다가, 상위 직급으로 갈수록 더 중요해지는 개념적 기술은 전문적 기술이 뒷받침돼야 가능한 것이다. 특정 분야에 대한

---

* 이 내용은 조직에서 관리자의 단계로 진입한 후 먼저 전문적 기술을 가지도록 노력해야 하며, 그 다음 인적 기술을 익히고, 마지막으로 최상위 개념적 기술을 가지도록 노력해야 한다는 의미로 해석되기도 한다.

전문적인 지식이나 능력이 없는데, 특정 분야를 넘어서는 더 큰 시각을 가질 수 있을까? 게다가, 한 번 전문적인 기술을 보유하게 된다면 시간이 지난다고 해서 그 해당 전문성이 쉽게 없어지지는 않는다. 전문적인 기술은 더 많은 경험을 통해 축적되기 때문이다.

이런 이유로, 앞의 표에서 위쪽에 위치한 상위 직급의 리더에게 요구되는 스킬들을 다음과 같이 정리해 볼 수 있다. 최고경영진이라면 하위 직급에서 쌓아오고 또 기본이 되는 '전문적 기술', 초급관리자 때부터 필요했고 지금도 여전히 혹은 더 중요한 '인적 기술', 그리고 최고경영진으로서 반드시 가져야만 하는 '개념적 기술'의 세 가지 스킬 모두를 하위 직급에 있는 부하직원들보다 더 많이 그리고 더 확실하게 가지고 있어야 한다.

오펜하이머가 로스앨러모스의 총책임자로 일할 때 그의 전문성과 뛰어난 기술역량에 대한 여러 예찬들이 있다. 이론부장을 맡았던 한스 베테는 오펜하이머가 화학이든 이론물리학이든 기계공정이든 로스앨러모스에서 일어나는 모든 일들을 알고 또 이해하고 있었으며, 그가 지적으로 뛰어났다는 데 의심의 여지가 없었다고 말했다. 다른 과학자들도 마찬가지였다. 조셉 허쉬펠더는 오펜하이머가 절대적으로 뛰어난 사람이었고 다른 사람들이 알아채지 못한 기술적인 실수까지도 잘 밝혀내곤 했다고 기록을 남겼다. 예를 들어, 맨해튼 프로젝트 초기에 그로브스와 과학자들이 우라늄 농축 과정에 어려움을 겪고 있었을 때, 오펜하이머는 기존에 이미 기각되었던 액체 열확산법을 다시 제안하고 실행해 농축 우라늄을 더 빨리 생산할 수 있었다.

　오펜하이머의 친구였던 이지도어 라비 역시 그의 물리학 전문성을 추호도 의심한 적이 없었고, 종전 후 오펜하이머의 뒤를 이어 로스앨러모스 연구소의 총책임자가 된 노리스 브래드버리는 오펜하이머는 연구소의 거의 모든 것을 이해하고 있었다고 증언했다. 심지어 오펜하이머와 여러 차례 갈등을 겪은 에드워드 텔러조차도 오펜하이머가 자신의 지식을 빠르게 적용하고 연구소에서 새롭게 발명하던 중요한 모든 것들을 알고 있고, 또 알려고 노력한 점 등을 증언했다.

　이렇게 오펜하이머의 과학적·기술적 전문성은 리더 역시 높은 전문적 기술이 필요함을 보여주는 좋은 사례다. 게다가 로스앨러모스 연구소에서 오펜하이머의 전문성이 인정받았다는 사실은, 리더가 가진 기술이 고도로 전문화되어야 하는 기술 중심의 조직일수록 전문성이 더 중요하다는 것을 보여준다.

　로스앨러모스 연구소가 바로 그런 조직이었다는 데는 어떤 이견도 없다. 거의 모든 조직에서 리더의 전문성은 매우 중요하겠지만, 기술집약적이고 지식집약적인 산업에 속해 있거나, 구성원들의 지식이 조직의 경쟁력을 좌우하는 지식기반조직은 더 그렇다. 전문가들이 진행하는 프로젝트의 결과는 거의 전적으로 그곳에서 일하는 이들, 즉 지식 노동자들의 지식과 기술에 달려 있다. 그러므로 그들은 자신들을 이끌고 있는 리더의 기술적 전문성에 대해 더 높은 기대를 가질 것이고, 오펜하이머와 같이 전문적 기술과 과학적 통찰력

을 가지고 있는 리더는 그 기대를 충족시키고 프로젝트를 성공으로
이끌 수 있던 것이다.

카리스마
리더십

변혁적
리더십

9장

그의 정신과
언어와 태도가
카리스마를 만들었다

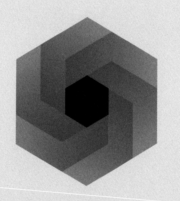

chapter. 9

옥스포드 사전을 출판하는 영국 옥스퍼드 대학교는 '카리스마'의 줄임말인 '리즈Rizz'를 2023년을 대표하는 올해의 단어로 선정했다. 옥스포드 사전에 따르면 리즈는 '스타일 또는 매력'이라는 뜻이며 좀 더 구체적으로는 '파트너에게 매력을 어필하거나 파트너를 끌어당길 수 있는 능력'으로 정의할 수 있다. 어떤 사람들은 '로맨틱 카리스마'의 줄임말이라고도 한다. 인터넷 상에서 처음 등장한 이 단어는 서구권의 젊은 세대 사이의 유행어로 자리매김하며 그 인기는 당분간 계속될 것이라고 한다.

이렇게 카리스마라는 단어는 다른 사람들을 끌어당기거나 매혹시키는 힘이라는 뜻을 포함하고 있다. 다른 사람들의 마음을 사로잡아서 그들의 지지를 받거나 내가 원하는 방향으로 그들을 움직이게 만드는 능력 역시 카리스마로 해석될 수 있다. 그렇기 때문에, 리더십 관점에서는 리더가 가진 카리스마, 즉 타인을 끌어들이는 힘을 바탕으로 부하직원에게 영향력을 행사하는 리더십 스타일을 카리스마 리더십이라고 부른다.

오펜하이머를 설명하는 많은 키워드들 중에서 '카리스마'와 '카리스마 리더십'을 빼놓을 수 없다. 그의 카리스마는 그가 가진 지적 능력, 외모와 말과 행동에서 풍기는 매력, 그리고 그가 가진 리더십이 복합적으로 작용해서 나타난 것이었다. 그리고 그 카리스마는 강압적이거나 공격적이지 않고, 자연스럽고 매력적인 방식으로 드러났기 때문에 더욱 돋보였다.

친구였던 물리학자 이지도어 라비는 "아인슈타인의 뒤를 이은 과학계의, 위대한 카리스마가 있는 인물"이라고 오펜하이머를 묘사했다. 오펜하이머의 제자였던 로버트 윌슨은 자신이 로스앨러모스 연구소에 도착하자마자 오펜하이머의 카리스마에 사로잡혔다고 했고, 또 다른 제자이자 화학자였던 글렌 시보그 역시 오펜하이머의 '마치 자석같이 강하게 끌어당기는 카리스마, 넘치는 존재감'에 대해 언급했다. 동료 물리학자이자 오펜하이머와 자주 대립각을 세웠던 에드워드 텔러조차도 로스앨러모스를 이끈 오펜하이머의 '탁월함, 열정, 그리고 카리스마'를 칭찬한 기록이 남아있다. 이 밖에도 오펜하이머에 대한 수많은 자료들 속에서 그의 성격 특성과 리더십을 설명할 때 '카리스마'라는 수식어가 자주 따라붙는다.

이렇게 오펜하이머의 리더십 특징 중 하나를 카리스마라고 봤을 때, 그의 카리스마는 어디에서 온 것일까? 도대체 오펜하이머의 어떤 점들이 그와 함께 일한 동료 과학자들에게 그가 카리스마가 넘치는 인물이었다고 평가받게 만들었을까?

사실 '카리스마'라는 단어는 '신으로부터 부여받은 재능'이라는 그리스어로부터 유래되었다고 한다. 다시 말해, 원래 카리스마는 보통사람은 가지기 힘든 천부적인 능력을 뜻하는 말이었다. 20세기 초, 독일의 사회학자 막스 베버 역시 이 개념을 받아들여 은총의 선물인 카리스마적 권위가 있는 사람들은 보통사람들과 구분되는 특별히 예외적인 능력이나 자질이 있기 때문에, 그들은 이러한 권위를 근거로 지도자로 대우받을 수 있다고 설명했다.

카리스마의 어원과 유래로 인해 카리스마에 대한 연구들은 카리스마가 있는 사람들의 개인적이고 신체적인 특징이 카리스마를 만드는 데 중요한 역할을 한다고 주장하기도 했다. 예를 들어, 강렬한 눈빛이나 응시, 최면적인 눈빛, 매력적인 목소리로부터 오는 설득력 등이 리더의 카리스마를 만든다는 것이다.

오펜하이머 역시 이런 신체적 특성을 가지고 있었던 것으로 추정된다. 오펜하이머와 관련된 기록들에서는 그의 눈 색깔과 시선의 강도에 대한 언급들이 꽤 자주 등장하는데, 친구였던 하콘 슈발리에는 오펜하이머의 눈을 '내가 본 것 중 가장 차가운 파란 눈'이라고 묘사하며, 그로 인해 어떤 독특한 분위기가 만들어졌다고 기억했다. 이밖에도 많은 주변 사람들이 그의 '꿰뚫어 보듯이 응시하는 아름답고도 차가운 파란 눈동자'와 그 눈과 눈빛이 주는 효과에 대해 이야기를 남겼다. "그는 신체적으로 허약했기 때문에 오히려 그의 기질이 강력한 힘을 갖게 되었다"라는 증언을 보면, 심지어 그의 허약해 보이는 외모가 그의 카리스마 넘치는 권위를 더 두드러지게 만들었다는 것도 알 수 있다.

하지만 이런 타고난 신체적이고 개인적인 특성만이 오펜하이머의 카리스마를 만들어 낸 전부일까? 눈빛과 같은 선척적인 것들만이 카리스마를 만드는 데 전적으로 필요한 것이라면, 후천적으로 카리스마를 개발하는 것은 불가능한 일일까? 예상했다시피, 그 답은 "아니, 그렇지 않다"이다. 우리는 우리의 노력으로 카리스마를 만들어 낼 수 있고 카리스마 리더십을 발휘할 수 있다.

오펜하이머도 마찬가지였다. 오펜하이머의 파란 눈이 그의 카리스마적 이미지를 만들어 낸 요소 중 하나라고 할 수는 있지만, 그게 전부는 아니었다. 라비는 "그의 카리스마의 바탕을 이룬 것은 다름 아닌 그의 정신과 언어, 그리고 태도로 응집된 그 무엇이었다. 그는 한 번도 자신을 완벽하게 표현한 적이 없었다. 그는 항상 아직 드러내지 않은 감성과 통찰력의 깊이가 있다는 느낌을 남겨두었다"라고 그가 쓴 책에 명확하게 언급했다. 오펜하이머의 카리스마에 대한 한 논문은, 오펜하이머의 카리스마적 권위가 로스앨러모스라고 하는 특수한 조직 안에서 연구소 모두를 대상으로 그가 말하고 행동한 것들을 통해 만들어진 것이라는 점을 강조했다. 보다 구체적으로는 연구소에 팽배한 불안과 불확실성을 극복하고, 모두가 평등한 공동체 의식을 느낄 수 있도록 적극적이고 개방적으로 의사소통한 것이 그가 보여준 카리스마의 핵심이었다고 주장했다. 그가 가진 개인적인 카리스마적 특징은 그가 발휘한 카리스마 리더십의 일부에 불과한 것을 알 수 있는 대목이다.

리더십 학자들에 따르면, 카리스마 리더십이 발생하고 작용하기 위해서는 리더의 자질이나 특성(신체적 특징, 말, 행동 등) 뿐만이 아니라 상황적 요인, 그리고 무엇보다도 리더와 구성원 사이의 활발한 상호작용이 모두 필요하다. 즉, 카리스마 리더십은 리더가 소유하고 있는 특정한 자질(카리스마)에 대한 것만이 아니라, 어떤 특정 상황에서 발생하는 리더와 구성원 관계의 결과라는 것이다. 리더가 카리스마를 가지고 있더라도 만약 부하직원들이 그들이 처한 상황 속에서 그 카리스마에 영향을 받지 않는다면, 그 리더는 카리스마 리더십이 있다고 할 수 없다.

그렇기 때문에 카리스마 리더십에서는 부하직원과의 관계와 상호작용을 통해, 리더가 자신을 끌어당기거나 매혹시키는 힘을 가지고 있다고 느끼게 만드는 것이 핵심이다. 예를 들어, 리더가 확실한 비전을 제시하는 동시에 비전을 자신감 있게 전달하고, 그 비전을 함께 달성할 것을 신뢰를 바탕으로 설득한다면, 부하직원들은 그런 리더의 모습에 이끌려 함께 비전을 달성하려고 노력하게 될 것이다. 리더 자신이 타고난 카리스마가 부족하더라도, 훈련과 노력을 통해 카리스마 리더십을 발휘할 수 있는 것이다. 반대로 리더가 타고난 카리스마가 있더라도 부하직원들이 그 카리스마를 알아채지 못하거나 인정하지 않는다면 카리스마 리더십은 발현되지 않는다.

카리스마 리더십은 이후 20세기 후반부터 많은 주목을 받고, 또 리더십 분야에서 가장 유명한 이론으로 꼽을 수 있는 '변혁적 리더십'으로 확대·발전한다. 카리스마 리더십을 부하들에게 리더에 대한 강한 끌림을 유발시켜 영향력을 미치는 과정이라고 정의했을 때, 변혁적 리더십은 거기에 더해 리더가 코치나 조언자의 역할까지 수행해서, 리더 자신과 부하들의 동기와 도덕 수준을 끌어 올린다는 특징이 있다. 변혁적 리더십은 '이상적 영향력', '영감적 동기화', '지적 자극', 그리고 '구성원에 대한 개별적 배려'의 네 가지 요소로 구성된다.

· 변혁적 리더십의 네 가지 구성요소

1. 이상적 영향력: 리더가 중요한 가치, 신념, 사명을 믿고 따르며, 이에 대한 부하직원들과의 소통을 통해 신뢰를 얻고 롤모델이 된다.

2. 영감적 동기화: 리더가 부하직원들의 롤모델로 행동하고 미래를 향한 높은 표준과 방향을 설정해서 전달하며, 부하가 노력하도록 한다.

3. 지적자극: 부하직원들의 아이디어를 수용하고 비판적 가정을 통해 지금까지 해 오던 방법을 새롭게 생각하도록 격려한다.

4. 개별적 배려: 부하직원들을 조직이나 집단의 한 구성원으로만이 아닌 인격적인 개인으로 인정해 주고, 부하의 지식과 기술을 향상시켜 그들의 잠재성을 최대한 높여 목표를 성취하도록 지원한다.

이 중 첫번째 구성요소인 '이상적 영향력'이 바로 리더의 카리스마와 직접적인 연관성을 가진다. 그뿐 아니라 나머지 세 가지 요소들까지 갖춰졌을 때 비로소 변혁적 리더십이 완성되는 것이다.

변혁적 리더십은 거래적 리더십과 대비되는 개념으로 설명되기도 한다. 거래적 리더십이 단기적인 성과와 목표에 초점을 두고 보상으로 부하직원들의 동기를 유발시키는 행위에 치중하는 반면, 변혁적 리더십은 조직의 장기적인 목표달성을 위해 부하직원들에게 비전을 제시함으로써 사기를 고취시켜 그들의 가치까지도 변화시킨다는 차이점이 있다.

이런 점들을 고려했을 때, 오펜하이머는 카리스마 리더십을 넘어서 변혁적 리더십의 조건들도 충족했다고 볼 수 있다. 로스앨러모스 연구소는 독일보다 먼저 원자폭탄을 만들어야 한다는 확실한 단기적인 목표를 가지고 있기는 했지만, 연구소의 수장이였던 오펜하이머는 그 미션을 초월해서 그들이 하는 일의 진정한 의미와 바람직한 미래의 모습, 즉 '장기적인 비전과 목표'를 로스앨러모스의 모두에게 불어넣으려고 노력했다. 구성원들에게 원자폭탄 뒤에 숨겨진 과학지식과 기술, 인류 역사상 가장 큰 과학적 도전을 할 수 있는 기회 등 더 큰 그림을 보여주면서 지금까지 인류에게 불가능했던 것을 창조하는 기회이자 새로운 도약이라는 비전으로 자신은 물론이고 구성원들의 열정과 도전정신을 자극했던 것이다.

이런 것들은 그가 카리스마 리더이자 변혁적 리더였다는 증거인 동시에, 그가 어떻게 인류 역사상 가장 큰 프로젝트였던 맨해튼 프로젝트의 중추역할을 수행한 로스앨러모스 연구소를 성공적으로 이끌 수 있었는지 잘 설명해 준다. 이 밖에도 수많은 사례들과 리더십 연구들이 변혁적 리더십이 조직구성원들의 만족도는 물론이고 조직 전체의 성과를 높인다는 것을 밝혀냈다. 이런 이유로 오늘날 많은 조직들이 원하는 바람직한 리더상에는 변혁적 리더의 모습이 많이 녹아 있다. 그 이름처럼 변혁적인 리더들은 조직구성원들이 자신만을 생각하는 이기적인 자세에서 벗어나, 개인적 목표를 넘어선 조직 전체의 더 큰 목표를 이루기 위해 스스로를 더 나은 방향으로 변화 혹은 변혁시킬 수 있도록 돕는다. 실천하기 어렵고 또 거창해 보이는 변혁적 리더십이지만, 우리 주변에는 이미 변혁적 리더들이 적어도 한두 명 이상 존재한다. 왜냐하면, 우리가 경험한 수많은 상사나 윗사람들, 혹은 주변사람들 중에서 단순히 상사나 지인으로만 기억되는 것이 아니라, 나의 가능성을 일깨워 주고 또 긍정적인 방향으로 변화시킬 수 있도록 도와준 멘토나 스승으로 기억되는 사람들이 바로 변혁적 리더일 가능성이 높기 때문이다. 여러분 역시 남들에게 그렇게 기억되고, 또 부하직원들을 비롯한 주변 사람들에게 그런 경험을 만들어 주기 위해 노력하고 있다면 여러분은 이미 오펜하이머와 같은 카리스마 리더이자 변혁적 리더가 되는 길을 걷고 있는 것이다.

변화   변화관리

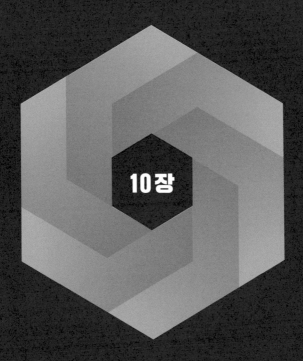

10장

내가 알던
그가 아니다

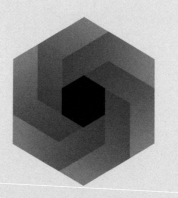

chapter. 10

"급격하게 변하는 환경에 처한 모든 현대사회의 조직에게는 변화만이 유일하게 변하지 않는 것이다"라는 말이 있다. 오늘날 경영환경에서는 경영자들은 물론이고 직원들까지도 변화하는 조직과 그 조직 안에서 사람들로 인해 발생하는 다양한 이슈와 직면하고 있다. 생산라인의 변경, 새로운 인사시스템의 도입, 조직구조 개편, 그리고 신입사원 채용까지도 모두 변화라고 할 수 있다. 따라서 '어떻게 효과적으로 변화를 관리할 것인가', 그리고 한 발 더 나아가 '더 나은 조직성과를 위해 어떻게 조직에 계획적인 변화를 가져올 것인가'는 모든 기업이나 조직이 풀어야만 하는 중요한 숙제다.

그럼에도 불구하고, 기존 연구들에 따르면 수많은 조직들이 변화를 시도하지만 대략 60~70% 정도의 변화하려는 노력들이 실패한다. 여러가지 이유들이 있겠지만 그 중 대표적인 실패 요인들은 다음과 같다.

1. 변화는 변화관리의 주체가 되는 사람들, 주로 관리자와 리더들이 스스로를 변화하는 것에서 출발해야 함에도 불구하고, 자신들은 변하지 않은 채 조직구성원들에게만 변화할 것을 지시하거나 강요한다.

2. 변화관리 계획을 세우고 실행하더라도 리더 자신들이 변화를 위해 해야 할 일들에만 너무 치중한 나머지, 변화의 대상이 되는 사람, 즉 일반 직원들이 변화에 어떻게 느끼는지 파악하지 못한다.

3. 변화관리에 대한 외부 컨설팅 등 전문가의 도움을 받더라도, 변화의 대상이 되는 일반 직원들이 어떻게 변화해야 하는지 세세한 컨설팅이나 도움을 받기 어렵고, 변화관리 컨설턴트들과 밀접하게 도움을 주고받을 수 있는 일부 리더나 직책자들만이(주로 CEO, 임원, HR 등) 혜택을 받기 때문이다.

위 세 가지 대표적인 변화 실패요인들을 살펴보면 한가지 공통점이 있다. 모두 리더와 관리자들의 문제에서 비롯된다는 것이다. 변화관리의 주체는 변화를 원하는 조직의 CEO를 비롯한 리더들일지 몰라도, 실질적으로 변해야 하는 건 그들을 포함한 모든 직원이라는 것을 간과한다면 변화는 실패로 돌아갈 수밖에 없다. 바꾸어 말하면, 리더들이 자신들부터 변화하려는 노력을 강구하고, 변화의 대상이 되는 일반직원들의 입장과 어려움을 이해하고, 일반직원 개개인들이 변화할 수 있는 실질적인 도움을 줄 수 있다면 성공적으로 변화하고 그 변화를 효과적으로 관리할 수 있다.

이렇게 변화와 변화관리에 있어 리더들의 역할은 매우 중요하다. 오펜하이머는 어떠했을까? 오펜하이머가 로스앨러모스 연구소장으로 취임하기 전, 그를 알던 사람들은 그가 그런 중요한 프로젝트의 리더로 적합하지 않을 것이라고 평가했다.* 하지만 그는 새로운 중책을 맡게 된 그 순간부터 스스로를 그 역할에 맞도록 철저하게 변화시켰던 것 같다. 그의 동료이자 당시 더 명망이 높았던 물리학자였던 한스 베테는 로스앨러모스에서의 오펜하이머는 내가 알던 오펜하이머와는 매우 달랐다고 이야기하면서, 그가 새로운 역할에 맞추어 자신을 완전히 바꿨다고 했다. 맨해튼 프로젝트 이전의 오펜하이머가 연구에 몰두하는 천재 과학자에 가까웠다면, 로스앨러모스 연구소에서는 다른 사람들에게 적극적으로 영향력을 행사하는 카리스마가 넘치는 지도자로 탈바꿈한 것이다.

맨해튼 프로젝트 이전에도 이미 그는 자신에게 부여된 새로운 역할과 기대에 따라 스스로를 성공적으로 변화시킨 경험들을 가지고 있다. 영국 케임브리지 대학교에서 그리 행복하지 못한 기억을 남긴 채, 독일의 괴팅겐으로 떠났던 그는 박사학위과정을 통해서 학문적인 성과뿐만이 아니라 성격 변화까지도 이루었다는 평가를 받는다. 불안한 감정상태를 극복했을 뿐 아니라 자신에 대한 강한 자신감을

---

* 이에 대해서는 여러가지 이유가 있겠지만, 그는 맨해튼 프로젝트 이전에 대규모 조직이나 프로젝트를 이끌었던 경험이 없고, 로스앨러모스 연구소장으로 거론되었던 다른 물리학자들처럼 노벨물리학상을 받지 못했다는 사실 등이 주된 이유였다고 한다.

가지게 된 것이다. 하지만, 다시 미국으로 돌아와 UC버클리에서 교직생활을 시작했던 초창기에 그는 학생들을 잘 지도하거나 인기가 많은 능숙한 교수와는 거리가 멀었다. 오펜하이머의 강의는 마치 기도문을 읊는 것처럼 혼자서 중얼중얼하는 경우가 많았으며, 스스로도 자신이 매우 알아듣기 힘든 강사였을 것 같다고 고백했다. 당시 제자들의 증언에 따르면 그는 질문이 끝나기도 전에 말을 끊고 자신의 말만을 하거나, 마음에 상처를 주는 말을 서슴지 않고 내뱉는 등 의사소통의 기본도 무시하기 일쑤인 미성숙한 사람이었다고 한다.

하지만 불과 몇 년의 시간이 지난 후 그는 능숙하고 카리스마 넘치는 스승으로 변신한다. 영화 〈오펜하이머〉에도 묘사되었듯이 시간이 지날수록 그를 따르고 그의 강의를 듣고 싶어하는 학생들은 점점 많아졌다. 그는 학생들이 서로 생각을 주고받으면서 배울 수 있는 열린 교수법을 개발했으며, 이론물리학을 배우기 위해서는 오펜하이머 밑에서 수학해야 한다는 소문이 전국으로 퍼지기도 했다. 당시 10년 만에 오펜하이머를 만난 옛 친구는 오펜하이머가 더 이상 과거의 내성적인 소년이 아니라 자신감과 위엄을 가진 위풍당당한 인물로 변했다는 사실에 깜짝 놀랐다고 한다. 오펜하이머는 과거의 부족했던 모습을 성공적으로 극복했을 뿐 아니라, 다른 사람들이 원하는 것이 무엇인지 알고 이를 충족시켜 주는 더 나은 사람으로 자신을 변화시킨 것이다.

이렇게 성공적인 변화와 변화관리는 리더 스스로의 문제인식과 변화에서 시작해야 한다. 리더 자신은 변하려는 노력을 보이지도 않으면서, 우리 모두는 변해야 한다고 목소리를 높이는 것은 남들, 특히 부하직원들의 냉소를 자아내는 공허한 외침에 불과하다.

리더가 자신을 성공적으로 변화시킨 다음, 다른 사람들까지도 변화하게 만들 수 있는 효과적인 방법은 무엇일까? 변화관리 전문가들이 제안하는 여러가지 방법이 있지만, 그 중 가장 주목을 받는 효과적인 방법은 하향식이 아닌 변화에 대한 상향식 접근방식이다. 앞서 살펴본 변화의 실패요인 중 하나는 리더들이 실질적인 대상이 되는 사람, 즉 일반 직원들이 변화에 대해서 어떻게 느끼는지를 이해하지 못하는 것이다. 설사 자신은 성공적으로 변화했더라도, 조직구성원들 역시 내가 지시를 내리면 그들은 마치 컴퓨터 프로그램들처럼 내 지시대로 움직일 것이라고 생각하며 조직을 마치 컴퓨터처럼 취급하는 '변화에 대한 하향식 접근방식'을 하고 있기 때문이다. 이 하향식 접근방식은 '전문가 접근방식' 혹은 '의사-환자 접근방식'이라고 불리기도 한다. 그 이유는, 변화에 대해서는 외부전문가나 상위 리더들이 더 잘 알고 있기 때문에, 그들이 마치 전문가나 의사처럼 솔루션을 제공해주면 일반 직원들이 그대로 따를 것이고 그로 인해 조직 전체의 변화가 가능할 것이라고 보기 때문이다.

반면, 변화에 대한 상향식 접근방식은 경영진 및 주요 리더뿐 아니라 조직의 모든 구성원들이 변화관리에 참여하는 것이다. 변화에 영향을 받는 사람들의 참여로 변화의 가능성과 효과를 극대화하는 것이다. 이는 일반 직원들의 적극적인 참여를 기반으로 하기 때문에 변화의 주체인 개인들이 변화를 더 많이 수용하고 더 적은 저항으로 이어질 수 있다는 장점이 있다.

이러한 변화에 대한 상향식 접근방식을 전문용어로 '조직개발'이라고 하는데, 이는 서구권에서는 대학교에 해당 전공만을 위한 프로그램이 별도로 개설되어 있을 만큼 잘 알려져 있고 또 오랜 시간동안 연구된 학문분야기도 하다. 조직개발은 상담심리학에서 '인간중심치료' 혹은 '인간중심상담'에 근거한 접근방식이다. 상담심리학의 가장 중요한 기법인 인간중심상담을 주장한 학자는 미국의 심리학자였던 칼 로저스이다. 그는 카운슬링이나 심리치료에 있어 치료대상자의 태도를 중시하면서 그들에 대한 관심과 공감이 매우 중요하다는 것을 발견했다. 처음에 그가 정신과 치료에 대한 상담을 했을 때, 그 역시 하향식의 전문가 방식, 즉 '의사-환자 접근방식'을 사용해서 내담자의 상황에 맞는 적절한 솔루션을 찾아 제시했다고 한다. 하지만 그의 조언에 따랐음에도 불구하고 내담자들은 치료되지 않았고, 그 책임을 칼 로저스에게 돌리고 비난했다. 그렇다면 무엇이 문제였을까? 상담을 하러 오는 사람들은 모두 그들이 문제가 있다는 것을 알고 있었고, 심지어 대부분은 해결방법까지도 알고 있었다. 다만 그들이 그 해결책을 실행하거나 지속하지 않는다는 데 문제가 있었다. 따라서, 칼 로저스는 상담자, 즉 변화관리자의 주된 역할은 문제에 직면한 사람을 비치는 '거울'이 되어야 한다는 것을 강조한다. 즉, 환자나 변화가 필요한 사람이 문제에 직면해 있음을 거울을 통해 온전히 비춤으로써 그 문제를 다시 한번 깨닫게 하고, 문제를 해결하기 위한 해결책에 그들 스스로가 적극적으로 몰입할 수 있도록 해야 한다는 것이다.

따라서 조직개발은 "누가 우리 조직을 변화시키거나 문제를 해결하는 데 있어 가장 적합한 전문가인가?"라는 질문과 그에 대한 답에서 시작한다. 그 답은 하버드 비즈니스 스쿨의 저명한 교수도 아니고 경력 30년의 변화관리 전문가도 아니다. 정답은 바로 조직 내부의 사람들, 바로 변화의 주체가 되는 일반직원들 자신이다. 조직개발은 이렇게 문제가 있는 곳에 답이 있다는 칼 로저스의 인간중심이론에서 시작되었다. 상담심리학에서의 개선과 변화의 대상은 내담자 개인이다. 하지만 조직개발과 변화의 대상은 대부분 한 개인이 아닌 팀과 조직이다. 따라서 복잡하게 움직이는 조직을 구성원 스스로가 어떻게 효과적으로 변화시킬 수 있도록 만들 것인가가 조직개발이 가진 목적이자 지향점이다.

KEYWORDS

조직설계

업무분장

11장

망할 놈의 조직도를
만들어 주지

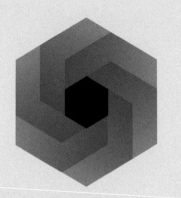

chapter. 11

영화 〈오펜하이머〉를 보면 오펜하이머가 로스앨러모스 연구소 공사가 한창인 가운데, 군복을 차려 입고 공사현장 사무소에서 친구 이지도어 라비와 이야기를 나누는 장면이 나온다.

영화 〈오펜하이머〉 중 한 장면(일부 각색)

오펜하이머 (칠판에 네 개의 원을 그리면서) 연구소를 네 개의 부서로 나누자. 실험부, 이론부, 야금부, 병기부. 어때?

라비 이론부는 누가 맡을 꺼야?

오펜하이머 내가 맡지.

라비 그럴 줄 알았어... 하지만 그렇게 되면 자넨 일이 너무 많아.

오펜하이머 그럼 자네가 맡아줘.

이 장면을 보면 마치 오펜하이머가 연구소장으로 처음 부임했을 때부터 이미 연구소 운영에 필요한 것들을 꿰뚫고 있는 것처럼 보인다. 사실 그는 맨해튼 프로젝트 이전에는 대규모 프로젝트나 연구소를 진두지휘 해 본 경험이 전무했기 때문에 여러 가지 실수와 시행착오를 겪었다. 예를 들어, 오펜하이머는 앞의 장면에서 나오는 연구소 내 조직 구성의 필요성을 간과했다. 믿기지 않지만 연구소 내 역할에 따라 부서를 구분하고 각 부서별 책임자를 임명할 생각조차 하지 않은 것이다. 여러 이유가 있겠지만, 프로젝트의 규모가 상상 이상으로 커지고 자신의 예상보다 수백 배가 넘는 수많은 사람들이 핵무기 개발에 참여할 것을 예상하지 못했기 때문인 것 같다. 참고로 인류 최초의 핵무기 실험인 트리니티 테스트가 있었던 1945년 6월 기준 로스앨러모스 연구소의 총 인원은 8,750명이었다. 하지만, 프로젝트 초기에 오펜하이머는 단지 여섯 명의 핵심 과학자들과 그들을 보조하는 서른 명에서 백 명 정도의 보조 과학자들, 그리고 연구소 행정이나 생활 전반을 담당하는 이삼백 명의 일반직원들까지 많아 봤자 오백 명 정도의 인원들이 프로젝트에 필요할 것으로 예상했다고 한다.

연구소의 조직 구분과 관련해서는 오펜하이머의 조수이자 부관이었던 존 맨리의 역할이 매우 컸다. 맨리는 연구소에 합류하는 과학자들이 점차 늘어나는 것을 보면서, 연구소 내 부서 구분과 부서별 책임자 임명이 반드시 필요하다고 믿고 오랜 시간동안 오펜하이머를 설득하려고 노력했다. 수개월에 걸친 맨리의 요청을 무시하던

로스앨러모스 연구소 조직도(1943년 3월 기준)

```
┌─────────────────────────┐        ┌─────────────────────────┐
│  맨해튼 프로젝트  총괄      │        │   S-1 위원회 총괄          │
│  웨슬리 그로브스           │        │   제임스 코넌트            │
│  (Wesley Groves)         │        │   (J. B. Conant)         │
└─────────────────────────┘        └─────────────────────────┘
```

로스앨러모스 연구소장
로버트 오펜하이머
(J. R. Oppenheimer)

로스앨러모스 연구소 부소장
에드워드 콘던
(E. U. Condon)

연구부서 (Research Groups)	실험부서 (Application Groups)	행정부서 (Administration)
1. 사이클로트론 그룹장 (Cyclotron) **로버트 윌슨(Robert Wilson)**	1. 병기 그룹장 (Ordnance) **리처드 톨먼(Richard Tolman)**	1. 커뮤니티 생활지원 (Community Affairs)
2. 밴더그래프 발전기 그룹장 (Van De Graaff Machine) **조셉 맥키밴(J. L. McKibben)**	2. 주요실험 그룹장 (Critical Experiment) **로버트 바처(Robert Bacher)**	2. 공급 조달 지원 (Procurement & Supplies)
3. D-D 튜브 그룹장 (D-D Tube) **존 맨리(John Manley)**	3. 재료 그룹장 (Source) **샘 앨리슨(Sam Allison)**	3. 상점 및 연구실 관리지원 (Shops & Lab Services)
4. 방사능 그룹장 (Radio-Activity) **에밀리오 세그레(Emilio Segre)**	4. 야금 그룹장 (Metallurgy) **시릴 스미스(Cyril Smith)**	4. 문서실/도서관 (Document Room & Library)
5. 화학그룹장 (Chemistry) **조 케네디(Joe Kennedy)**	5. 한제 그룹장 (Cryogeny) **에드 롱(Ed Long)**	
6. 이론 그룹장(Theoretical) **로버트 오펜하이머** (J. R. Oppenheimer)		

오펜하이머도 결국 그의 집요함에 지쳐 "그 망할 놈의 조직도를 만들어 주지!"라고 짜증내면서 네 개 부서를 종이에 써서 맨리에게 전해줬다고 한다. 이렇게 오펜하이머의 메모를 바탕으로 로스앨러모스 연구소의 공식조직도가 만들어졌다.

앞의 조직도는 오펜하이머가 로스앨러모스 연구소장이자 총책임자의 위치에 있으면서도 맨해튼 프로젝트 전체 총괄을 맡고 있는 웨슬리 그로브스 장군과 S-1 위원회, 즉 맨해튼 프로젝트를 포함한 전시 관련 프로젝트를 총괄하는 NDRC의 위원장이었던 제임스 코넌트 전 하버드대 총장의 관리 감독 아래 있던 당시 상황을 보여준다. 이 조직도는 로스앨러모스 연구소 설립 초장기였던 1943년 3월을 기준으로 만든 것으로, 당시에는 오펜하이머가 연구소장이자 이론부서장으로 두 개 업무를 동시에 맡는 것으로 되어 있다. 하지만, 영화 〈오펜하이머〉에 나온 라비와의 대화처럼 오펜하이머는 연구소장의 과중한 업무들을 깨닫고, 연구소의 중추가 되는 이론부서를 한스 베테에게 맡긴다. 참고로, 위 대화에 등장하는 라비는 오펜하이머가 연구소 부소장 자리를 제안할 정도로 꼭 합류시키고자 했지만, 폭탄을 만든다는 것 자체에 부정적이었던 라비는 결국 프로젝트에 직접 참여하지 않고 오펜하이머의 상담역이자 프로젝트의 방문 컨설턴트로서 일한다. 그리고 맨리처럼 라비 역시 조직 구성이 불필요하다고 오판하고 있던 오펜하이머의 마음을 바꾸기 위해 노력했다. 한편 프로젝트의 본격적인 진행과 함께 연구소의 규모가 점차 커지면서 조직도 역시 더 세분화되고 복잡해졌다.

예전 경영자들과 초창기의 오펜하이머와는 다르게 요즘 리더들은 조직을 효과적으로 운영하기 위해 모든 조직에는 조직도가 필요하고 그 조직 구성에 따라 명확한 업무분장이 되어야 한다는 것을 잘 알고 있다. 하지만 이미 확실한 조직도를 가지고 있는 조직이라도 외부환경의 변화나 회사가 수행하는 사업영역이나 전략의 변경 내지 짜여진 구조 안에서 일하고 있는 구성원들의 변화를 고려한다면, 이미 자리잡은 조직도라도 그 변화들에 맞게 변경하거나 업데이트할 필요가 있다.

우리가 기업경영에서 자주 사용하는 '전략'은 조직도, 즉 조직의 구조 및 구성과 매우 밀접한 관련이 있다. 전략을 '목표를 달성하기 위한 실행계획'이라는 의미로 해석한다면, 그 실행계획을 수립하고 실행에 옮기는 주체는 조직에 속해 있는 하위조직, 즉 각각의 부서들이자 그 부서 안에서 일하고 있는 직원들이다. 그 개별 직원들은 큰 그림, 즉 전체 조직 차원에서 짜인 조직도와 조직구조를 바탕으로 분류되고 세분화된 업무분장에 따라 각자에게 주어진 일들을 수행한다. 그렇기 때문에 조직 구조를 설계하는 것은 전략을 실행하는 견인차를 만드는 일이기도 하다.

전략과 조직구조와의 관계를 설명할 때, 미국의 저명한 경영사학자이자 하버드 경영대학원 교수였던 알프레드 챈들러가 말한 "조직 구조는 전략을 따른다"는 말이 자주 인용된다. 기업은 가능한 최선의 전략을 세운 후, 그것을 달성할 수 있는 최적의 조직 구조를 결정해야 한다는 것이다. 다시 말해, 조직 구조는 기업 내·외부 환경의 요구에 부응해야 하므로 해당 기업이 추구하는 전략의 실행에 적합해야 한다.

오랜 시간이 지나면서 경영환경이 변하고 이와 관련된 많은 연구들이 진행되면서, 챈들러의 명제에 대한 의문이 제기되기도 했다. 예를 들어, 어떤 학자들은 "경영전략은 조직구조를 따른다"라고 하면서, 거꾸로 조직구조가 전략을 만들어 내거나 규정하는 것을 강조하기도 했다. 즉, 기업의 전략적인 선택이 조직구조에 따라서 선택되거나 제한될 수도 있다는 것이다.

이 상반되는 두 가지 관점 중 정답이 무엇인지는 잘 모른다. 기업이 처한 상황 혹은 구조와 전략이 서로에게 미치는 과정과 결과에 대한 해석에 따라서, 두 가지 주장은 서로 맞거나 틀릴 때도, 심지어 동시에 맞는 경우도 있다. 다만 우리가 여기에서 배워야 하는 핵심포인트는 경영전략과 조직구조는 서로 떼려야 뗄 수 없는 밀접한 관계가 있다는 것이다. 조직구조를 설계할 때는 기본적으로 조직의 목표나 사업 전략에 대한 충분한 이해가 필요하며, 전략을 실행할 때는 현재 조직구조를 포함해 현재 기업이 처한 상황을 냉철하게 고려해야 한다. 물론 현재의 조직구조가 새로운 전략의 계획과 실행을 방해하면 안 된다. 조직에 새로운 도전과제가 생겼을 때, 이는 당연히 조직 구조의 변경이나 새로운 구조의 탄생으로 이어져야 한다.

이 밖에도 조직도는 개개인의 구성원이 하는 일들이 조직 전체와 어떻게 연결이 되어 있는지, 우리 전체 조직은 도대체 무엇을 하고 있는지 시각적으로 보여주는 역할을 한다. 로스앨러모스에는 과연 자신들이 핵폭탄을 만들 수 있을까? 라는 의문을 가진 과학자들도 많았을 것이기 때문에, 즉 불확실성과 불안감이 상상 이상으로 컸을 것이기 때문에 조직도를 만들어서 구성원들에게 보여주는 것 자체가 연구소의 일관된 목표와 질서, 그리고 무엇보다도 조직이 문제없이 잘 운영되고 있다는 것을 상징적으로 표현하는 좋은 수단이 되었을 것이다. 이에 대해 수학자였던 스타니스와프 울람은 "회의 때 공유된 로스앨러모스 연구소의 조직도를 보며, 나는 거기에 있는 사람들이 무언가 구체적이고 확실한 것을 본다는 것으로 인해 다시 기운을 내는 것을 느낄 수 있었습니다"라고 회고했다. 초반에 오펜하이머가 조직도가 불필요하다는 잘못된 판단을 하기는 했지만, 자신의 생각을 수정하고 조직도를 만들어 모두에게 공유해 조직도가 가진 기능을 백분 활용했다는 것을 알 수 있는 대목이다. 프로젝트가 진행되면서 오펜하이머는 공식 조직들 이외에도 토론회, 조정협의회 등 다양한 비공식적 조직을 구성하고 운영해 각 부서들의 현재 진행상황과 정보를 서로 공유할 수 있도록 지원하기도 했다.

이렇게 경영자나 리더들은 조직의 목표를 달성하고 전략을 실행하기 위해 가장 적합한 조직구조를 설계하기 위해 노력해야 한다. 처음의 조직도에 머물러 있지 말고 조직 내·외부의 다양한 요구, 특히 환경의 변화나 기업 전략의 변경에 발 맞추어 어떠한 조직 구조가 바람직하고 이상적인지를 끊임없이 모색하고 또 업데이트 해야만 한다. 오펜하이머가 그랬던 것처럼, 개개인의 구성원들에게 보다 큰 그림을 보여주기 위해 조직도를 활용하는 한편, 조직 전체의 미션을 달성해야 한다는 큰 그림 하에서 부서 간 장벽을 허물고 서로 활발하게 정보를 공유하기 위한 방안 역시 마련할 필요가 있다.

KEYWORDS

인재선발

채용

12장

파인만을 데리고 왔다

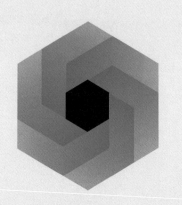

chapter. 12

영화 〈오펜하이머〉 중 한 장면(일부 각색)

프린스턴 대학교를 방문한 그로브스와 오펜하이머는 교정을 빠른 걸음으로 걷고 있는 리처드 파인만을 가로 막고 이야기를 나눈다.

오펜하이머 하이젠베르크, 디브너, 보테, 보어.. 그들의 공통점이 뭔지 아나?

파인만 원자이론의 대가라는 점 아닌가요?

오펜하이머 그리고 또?

파인만 모르겠는데요

오펜하이머 나치가 그들을 데리고 있지.

파인만 닐스 보어는 코펜하겐에 있지 않나요?

오펜하이머 거기도 나치에게 점령당했어. 요즘 프린스턴에서는 학보 발행도 안하나 보군.

파인만 닐스는 나치에 부역 안 할 겁니다.

오펜하이머 그건 맞지만, 못 데려오니까 문제지. 그래서 파인만 자네가 필요해.

경영학 분야의 스테디셀러인 《좋은 기업을 넘어 위대한 기업으로》를 쓴 세계적인 경영 컨설턴트인 짐 콜린스는 리더들은 '무엇'을 해야 하는지 보다, '누구'와 함께 일할지를 정하는 것에 더 초점을 두어야 한다고 주장했다. 다시 말해, 리더십의 첫 단추는 유능하고 헌신적인 사람들을 조직에 불러모으는 것, 특히 조직 내에서 중책을 맡게 될 지위나 자리들을(예를 들어, 경영진) 그러한 사람들로 채우는 것이 중요하다는 것이다.

오펜하이머에 관한 여러가지 자료들을 살펴보면 그가 바로 이 리더십의 첫 단추를 얼마나 잘 채웠는지를 알게 해 주는 정황들을 곳곳에서 발견할 수 있다. 그로브스가 오펜하이머를 로스앨러모스의 총책임자로 임명한 지 며칠 지나지 않아(사실, 그 임명이 공식적으로 발표되기 이전부터), 오펜하이머는 그의 동료였던 존 맨리에게 편지를 보내서 지금부터 당장 '비양심적인 리쿠르팅 정책'을 시작해야한다고 말했다. 여기에서 비양심적이라는 수식어는 수단과 방법을 가리지 않고 필요한 인재를 끌어 모은다는 것을 의미한다. 로스앨러모스 연구소가 설립된 1943년 당시에는 맨해튼 프로젝트 이외에도 제2차 세계대전과 관련된 수많은 프로젝트가 진행 중이었기 때문에, 이 채용방침은 이미 다른 연구소나 프로젝트에서 일하고 있는 필요한 과학자들을 강제로 뺏어 오는 것을 포함하는 것이었다. 오펜하이머는 이런 방법을 사용해서라도 로스앨러모스 연구소와 자기에게 필요한 최고의 구성원들을 가지기를 원했다. 당시 과학자들을 전시 프로젝트에 동원하고 배치하는 총책임자였던 제임스 코넌트에게도 따로 편지를 보내서, 왜 다른 프로젝트에서 사람들을 빼 내와야 하는 지 설명하기도 했다. 오펜하이머는 인재들이 없다면 자신들이 해야 할 임무를 성공적으로 마치는 것은 불가능하다는 것을 강조하면서 그의 리크루팅 정책의 당위성을 설득했다.

최고의 인재들, 특히 각 부서를 책임질 핵심 과학자를 로스앨러모스에 데려오기 위한 오펜하이머의 강한 의지는 그가 한스 베테와 로버트 바커를 영입할 때 어땠는지를 보면 잘 알 수 있다. 오펜하이머는 자신의 친구였던 라비에게 다음과 같은 편지를 보내, 당시 MIT에서 진행 중인 다른 프로젝트에서 일하고 있던 베테와 바커를 로스앨러모스에 합류시키도록 도와줄 것을 요청했다.

로스앨러모스에 참여하지 않는다는 것을 상상할 수도 없는 두 사람이 있어. 바로 베테와 바커야. 나는 라비 당신도 내가 그렇게 생각하는 이유를 알고 있고, 내 의견에 동의할 것이라고 생각하네. 자네는 그 두 사람에게 영향을 줄 수 있고, 그 두 사람은 프로젝트에 참여한 다른 수많은 사람들에게 영향을 미칠 것이라고 믿어.

오펜하이머는 로스앨러모스에 합류하기를 주저하고 있던 바커에게 따로 또 편지를 보내 그와 함께 일하고 싶다는 자신의 의지를 다시 한번 확실히 보여주었다.

제가 이 일에 당신의 도움을 받고 싶어하는 마음이 정말 크다는 것은 당신도 이미 잘 알고 계실 겁니다. 제 개인적인 생각이지만, 당신의 경험과 지혜에 제가 얼마나 탄복하고 있는지, 또 제가 당신의 도움을 얼마나 필요로 하는지 당신은 아직 깨닫지 못하고 계신다고 생각합니다. 당신은 정말 특별한 사람입니다. 그래서 제가 지난 몇 달 동안 당신을 그렇게 쫓아다닌 것이기도 하고요.

결국 베테와 바커 모두 로스앨러모스 연구소에 합류했다. 연구소에서 베테는 이론 물리 부서장으로, 바커는 실험 물리 부서장으로 가장 중추적인 역할을 담당했다. 그 두 사람 모두 맨해튼 프로젝트의 성공에 커다란 기여를 했다.

오펜하이머가 이 두 핵심인재를 이토록 적극적으로 리크루팅한 것은 로스앨러모스 연구소로 다른 유능한 과학자들 역시 끌어들이기 위한 똑똑한 접근이기도 했다. 연구소 설립 초창기에 오펜하이머는 당시 베테와 바커가 다른 과학자들에게 잘 알려져 있으면서도 한편으로는 존경까지 받고 있다는 사실을 알고 있었다. 오펜하이머는 이 둘을 끌어들이는 것이야말로 그가 맡게 될 새로운 프로젝트에 다른 사람들의 높은 평가와 엄청난 신뢰를 가져다 줄 것 역시 알고 있었다. 오펜하이머는 베테에게 "내가 우리 프로젝트의 미래에 대해 매우 낙관적인 이유 중 하나는, 우리가 정말 필요한 사람들을 오게 만들었기 때문이지. 그러니 다른 사람들도 역시 오고 싶어할 거야"라고 말했다.

훌륭한 인재를 모집해서 프로젝트를 이끈 오펜하이머의 또 하나의 성공요인은, 그가 정의한 연구소의 구성원에게 요구되는 자격에 관한 것이었다. 로스앨러모스에서 일할 수 있는 과학자로서의 전문성과 능력은 당연히 필수였다. 오펜하이머는 한 발 더 나아가 대인관계 능력과 협력에 대한 의지 역시 중요한 자격요건으로 삼았다. 그는 로스앨러모스와 같이 철저하게 고립된 장소와 조직에서는 따뜻한 인간미와 신뢰가 반드시 필요하다고 굳게 믿었다. 이는 그가 당시 24세에 불과했지만, 재기 넘치고 사교적이며 늘 에너지가 넘쳤던 리차드 파인만을 로스앨러모스로 스카웃한 것에서도 알 수 있다. 연구소에서 파인만의 부서장으로 함께 일한 베테는 "나는 파인만을 알지도 못했는데, 어느 날 갑자기 오펜하이머가 프린스턴에서 그를 데리고 나타났다"고 회고했다.

오펜하이머가 파인만을 연구소로 데리고 오려고 했을 때, 파인만은 처음에는 결핵을 앓고 있던 아내를 두고 로스앨러모스로 절대 갈 수 없다며 단호히 거절했다고 한다. 하지만 오펜하이머는 포기하지 않았다. 오펜하이머는 결국 로스앨러모스에서 그리 멀지 않은 곳에 있는 결핵요양소를 찾아내고, 이 소식을 전하며 주말마다 아내를 보러 갈 수 있을 것이라고 다시 한번 파인만을 설득했다. 이러한 오펜하이머의 노력과 진심에 감동한 파인만은 결국 오펜하이머와 함께 로스앨러모스로 떠나게 된다.

이렇게 오펜하이머는 짐 콜린스가 강조했던 '누구'를 뽑아서 함께 일하는 것이 조직과 프로젝트의 성공에 얼마나 중요한지를 잘 보여준다. 요약하자면 그는 핵심인재들을 영입하는 것이 얼마나 중요하고 효과적인지를 알고 있었기 때문에 반드시 그들을 뽑고자 최선의 노력을 다했고, 뽑은 핵심인재들을 통해 다른 인재들까지도 유인할 수 있도록 지혜를 발휘했으며, 고립된 연구소라는 특수한 상황적 요소를 고려해서 필요한 인재에 대한 정의를 새롭게 내렸다. 그리고 파인만의 사례에서 볼 수 있듯이, 상대방이 처한 상황을 고려한 따뜻한 배려를 통해 인재를 놓치지 않겠다는 강한 의지를 보여주었다. 이러한 점에서 그의 로스앨러모스 연구소에서의 리더십 발휘와 원자폭탄의 개발이라는 목적 달성은 성공적인 인재선발과 채용에서 시작되었다고 해도 과언이 아닐 것이다.

OPPENHEIMER

Part 3

훌륭한 리더는
사랑받는다

—

모두가 원하는 사람이 된
오펜하이머

LEADERSHIP

KEYWORDS

프로젝트
관리능력

민첩성

애자일
방식

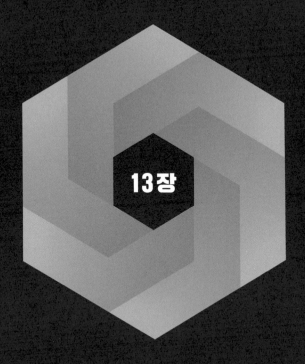

13장

우리는
완벽하지는 않지만
빠르게 일했다

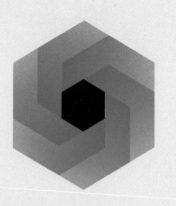

chapter. 13

1938년 12월 독일의 과학자들은 세계 최초로 핵분열 현상을 발견하게 된다. 헝가리의 물리학자였던 레오 실라르드는 핵 연쇄 반응이 강력한 핵무기를 만드는 데 사용될 수 있다는 것을 깨닫고 이를 경고하기 위해, 당시 가장 유명한 물리학자였던 알버트 아인슈타인을 설득한 후 그의 서명을 포함한 편지를 미국의 프랭클린 루스벨트 대통령에게 보내게 된다. 나치 독일의 핵무기 개발 가능성을 두려워한 루스벨트는 이에 대응하기 위해 1939년 10월 21일, '우라늄 위원회'를 구성했다.

1941년 12월 7일, 제국주의 일본이 하와이 진주만에 있는 미국 해군기지를 폭격하면서 미국은 정식으로 제2차 세계대전에 참전한다. 이때 우라늄 위원회는 미국이 참전한 상황에서 핵폭탄을 개발하고 사용하는 것이 전쟁에서 승리할 수 있는 주요한 방법 중 하나라고 판단했다. 미 육군 공병단은 이 임무를 수행하기 위해, 뉴욕 맨해튼에 레슬리 그로브스 대령이 이끄는 '맨해튼 엔지니어 지구'를 설치한다. 이렇게 1942년 8월 13일, 루스벨트 대통령의 승인을 받아 핵무기 개발을 목적으로 하는 '맨해튼 프로젝트'가 공식 시작되었다.

맨해튼 프로젝트는 인류 역사상 가장 큰 규모의 프로젝트 중 하나이다. 프로젝트에 투입된 인원은 대략 13만 명 정도로 추산되며, 투입된 총 비용은 20억 달러, 현재 가치로는 대략 260억 달러가 든 상상을 초월하는 대규모 프로젝트였다.

맨해튼 프로젝트가 진행된 장소는 우라늄 및 플루토늄 처리 시설, 대학교 연구소 등 총 30여 곳에 달했는데 다음 그림처럼 미국 전역과 캐나다, 그리고 그림에는 포함되지 않았지만 주요 우라늄 광산들이 위치한 콩고까지도 포함된다.

이 중 핵심이 되는 장소는 총 세 군데로 프로젝트의 본부가 위치해 있으면서 우라늄 농축시설이 위치한 테네시주의 오크리지, 플루토늄을 추출하기 위한 원자로가 위치한 워싱턴주 리치랜드, 그리고 핵폭탄 제조를 목표로 한 '프로젝트 Y'가 진행된 멕시코주의 로스앨러모스가 바로 그 곳들이었다.

그리고 이 프로젝트 Y, 즉 로스앨러모스 연구소의 책임자로서 핵폭탄 개발을 진두지휘한 인물이 오펜하이머다. 맨해튼 프로젝트 전체를 이끈 인물은 그로브스 장군이었지만, 맨해튼 프로젝트에서 가장 중요한 역할을 수행한 로스앨러모스 연구소를 이끌고 성공적으로 핵폭탄을 만든 이가 오펜하이머였기 때문에 많은 사람들이 그를 핵

미국과 캐나다 내에서 맨해튼 프로젝트가 진행된 장소들

폭탄의 아버지로, 그리고 맨해튼 프로젝트의 상징으로 생각한다.

이렇게 오펜하이머는 로스앨러모스 연구소를 성공적으로 이끌어 전체 맨해튼 프로젝트를 성공시킨 유능한 프로젝트 매니저다. 맨해튼 프로젝트는 원하는 만큼 자금과 자원을 쓸 수 있었고, 당대 최고의 과학자들이 프로젝트 멤버들로 참여했으며 무엇보다도 성공으로 끝난 프로젝트였기 때문에, 특별한 어려움 없이 잘 진행되었다는 오해를 살 수도 있다. 하지만 프로젝트의 3대 요소*인 '시간', '범위', 그리고 '비용' 중 미국 정부로부터 전폭 지원을 받은 '비용'을 제외한

---

* 프로젝트의 3대 요소는 프로젝트를 성공적으로 완수하기 위해 제어되어야 하면서도 한편으로는 서로 영향을 주고받는 핵심 제약 요소Constraints이다. 예를 들어, 프로젝트 범위가 늘어나면 추가 작업으로 인해 시간이 더 소요될 수밖에 없고, 프로젝트 일정에 대한 압박이 있다면, 범위를 변경하거나 더 많은 비용이 소요될 수 있다.

나머지 두 가지 요소인 '시간'과 '범위'에 있어 심각한 문제들을 안고 시작한 불확실성이 큰 프로젝트였다. 맨해튼 프로젝트는 시간 측면에서는 나치보다 더 빨리 핵무기를 만들어야 한다는 중압감이 있었으며, 범위 측면에서는 이론적으로는 핵 연쇄 반응을 이용해 핵폭탄 개발이 가능하다는 것은 밝혀냈지만, 이를 실제로 구현하기 위한 올바른 방법을 전혀 모르는 상태에서 시작했다.

이런 난관에도 불구하고, 오펜하이머는 포기하지 않고 프로젝트 매니저로서 여러가지 역경을 하나씩 헤쳐 나갔다. 효과적인 프로젝트 매니저로서 꼽을 수 있는 그의 여러가지 자질이 있겠지만, 여기에서는 그가 보여준 대표적인 세 가지 능력을 중심으로 설명해 보겠다.

첫째, 오펜하이머는 기술적 측면의 하드 스킬 뿐만 아니라 사람들과의 관계에 관한 소프트 스킬 둘 다를 균형 있게 가지고 있었다. 사실 오펜하이머는 핵무기라는 확실한 산출물을 만들어 내면 되는 프로덕트 매니저의 역할이 그가 맡은 주요 책임이었다. 다시 말해, 물리학자로서의 지식과 기술을 가지고 다른 과학자들과 함께 핵폭탄을 만들기만 하면 되는 것이다. 하지만 그는 학자로서의 능력, 즉 하드 스킬뿐 아니라 효과적인 프로젝트 매니저에게 반드시 필요한 또 하나의 스킬인 소프트 스킬을 효과적으로 발휘했기 때문에 프로젝트가 성공할 수 있었다. 소프트 스킬은 프로젝트 팀원들과 신뢰를 쌓고 효과적으로 의사소통하는 등 인간 관계에 대한 스킬을 일컫는다. 효과적인 리더십도 당연히 소프트 스킬에 포함된다. 사람들이 가진 과학자나 학자의 이미지는 종종 타인과의 원활한 소통보다

웨슬리 그로브스와 로버트 오펜하이머

는 자신만의 생각과 의견을 더 중요시하는 모습이지만, 오펜하이머가 사람 관계에 있어 보여준 모습은 달랐다. 그는 사람을 다루고 그들과 좋은 관계를 맺는 데 능수능란했다.

둘째, 앞서 언급한 '시간' 측면에서 맨해튼 프로젝트는 다른 일반 프로젝트들과는 다르게 프로젝트 종료일, 즉 구체적인 데드라인이 명시되어 있지 않았다. 가능한 빨리, 무엇보다도 나치보다 빨리라는 목표만 정해져 있었다. 이렇게 부족한 시간 속에서 오펜하이머는 핵폭탄의 연구, 개발, 제조 단계를 단계적으로 순차적으로 수행한 것이 아니라 이를 동시에 진행하는 당시로서는 파격적인 접근방법을 선택했다. 그리고 시간을 절약하고 업무의 효율성을 높이기 위해, 각 세부과제를 개별 과학자들의 전문성을 바탕으로 각각의 전문화된 영역으로 구분해 진행했다. 지금은 일반적으로 사용되는 전문화의 개념을 도입해서 활용한 것이다. 그러면서도 부서 간 장벽이 생기지 않고 서로 자유롭게 의사 소통할 수 있도록 조정위원회와 여러 비공식 모임을 운영해 개개인들과 각 부서들이 전체 목표인 핵무기 개발에 얼마나 도달해 있는지 알 수 있게 했다. 이것은 모두 제한된 시간을 효율적으로 활용하는 방안이면서 효과적으로 프로젝트를 진행되게 만든 훌륭한 접근 방식이었다.

셋째, 프로젝트의 3요소 중 '범위'와 관련해서, 핵무기를 만드는 것 자체가 과거에 없던 세계 최초의 프로젝트였기 때문에 그 작업 범위를 미리 예상하거나 정하는 것은 거의 불가능했다. 이를 해결하기 위해 오펜하이머가 적용한 프로젝트 진행방식은 '퀵앤더티', 즉 빠르지만 적당한 방식*에 가까웠다. 이는 제품 디자인에서 완제품을 만들기 전 시험용으로 미리 제작하는 프로토타입을 만들 때 사용하는 방식 중 하나로, 작업을 신속히 처리하고 빠르게 결과물을 얻기 위한 접근 방식을 말한다. 퀵앤더티 방식에는 세부적이고 정교한 계획과 범위보다는 빠른 실행과 결과물 산출이 중요하다는 철학이 담겨 있다. 이 방식은 프로젝트의 범위뿐 아니라 시간적인 제약요소가지도 극복이 가능한 아주 적절한 방식이었다. 정말 핵폭탄을 만드는 게 가능한지, 핵폭탄을 만들었더라도 그 성능이 예상처럼 효과적일

---

* 이 방식의 이름에는 한글로 더럽다고 주로 해석되는 'Dirty'가 들어가 있기 때문에 자칫 부정적인 뉘앙스로도 들리기도 하지만, 여기에서는 Dirty를 '완벽하지 않은(Not perfect)'의 의미로 보는 것이 맞다.

지 전혀 알 수 없는 상황이라면 설령 그 결과가 완벽하지는 못하더라도 일단 핵폭탄을 만들고 보는 것이 더 중요하다고 오펜하이머는 믿었다.

프로젝트의 시간과 범위와 관련해서 오펜하이머가 실행한 두 가지 방식(연구, 개발, 제조 단계의 동시 진행 및 퀵앤더티 접근)은 오늘날 성공하는 프로젝트에서도 찾아볼 수 있는 주요 특징들과 많은 부분이 일치한다. 그리고 프로젝트 관리 분야에서 21세기에 들어 가장 주목을 받고 있는 프로젝트 접근방식인 '애자일 방법론'과 놀랍도록 일맥상통하는 면이 있다.

민첩하거나 날렵하다는 뜻을 가진 '애자일Agile' 방법론은 처음에는 소프트웨어 개발 방법으로 소개되었지만 현재는 경영철학, 경영 방식, 변화관리, 프로젝트 관리 등 다양한 분야에 광범위하게 사용된다. 애자일 프로젝트 관리는 사용자들의 피드백을 빠르게 수용하고 신속한 변화가 가능하도록 프로젝트의 유연성과 효율성을 높이는 것이 목적이다. 쉽게 말해 높은 불확실성으로 인해 프로젝트 결과물에 대한 확신이 없을 때, 프로젝트를 짧은 주기로 나누어 원래의 계획을 즉시 수정 가능한 상태로 유지하며 프로젝트를 진행하는 것이다. 이는 전통적인 워터폴 방식처럼 마치 폭포수가 아래로 떨어지듯이 프로젝트의 계획-실행-평가를 차례차례 진행하지 않기 때문에, 프로젝트의 각 단계를 동시에 진행시키거나, 필요하다면 다시 앞 단계로 돌아가 반복할 수도 있다는 특징이 있다. 이러한 이유로 애자일 프로젝트 관리는 불확실한 프로젝트나 프로젝트 진행 중간에 변화가 많을 것으로 예상되는 프로젝트, 즉 맨해튼 프로젝트와 같은 상황에 주로 사용된다. 중간에 문제가 생기거나 예상대로 진행이 안 된다면 다시 전 단계로 돌아가 계획을 수정하거나 다시 시작하면 되기 때문이다. 이 때, 정교하게 짠 계획을 순차적으로 따라가던 전통적 방식을 사용하고 있었다면 다시 처음으로 돌아가거나, 프로젝트 내용을 변경하는 것은 불가능하거나 고통스러운 일일 것이다. 하지만 퀵앤더티 방식, 즉 불완전하지만 빠른 방식으로 프로젝트를 진행하고 있었다면 문제가 있거나 변화가 있더라도 민첩하게 움직일 수 있다. 이미 80여 년 전에 오펜하이머는 애자일 방법론의 필요성을 이해하고 맨해튼 프로젝트에 적용했다는 것을 알 수 있다.

맨해튼 프로젝트가 만든 핵폭탄과 그로 인해 벌어진 많은 일들과는 별개로, 맨해튼 프로젝트가 과학과 기술을 새로운 수준으로 끌어올린 성공적인 프로젝트였다는 것은 의심할 여지가 없다. 맨해튼 프로젝트의 관리 방법과 구체적인 사례들은 지금까지도 효과적인 프로젝트 관리기법으로 소개되면서 민관 합동 연구개발 프로젝트나 대규모 프로젝트들의 벤치마킹 대상이 되고 있다. 비록 오래 전 사례지만, 우리 역시 성공적인 프로젝트 관리자였던 오펜하이머에게 많은 것들을 배울 수 있다.

17명의 소프트웨어 개발자들이 모인 '애자일 연합'이라는 그룹은 소프트웨어 개발 프로젝트를 더 효율적이고 고객 중심적으로 만들기 위해, 2001년 1월 '애자일 선언문'이라는 공동의 선언서를 만들어서 발표했습니다. 애자일 선언문은 기존의 일반적인 프로젝트 방식, 즉 폭포수 방법론과 다르기 때문에 혁신적이라는 평가를 받으며 지금까지도 애자일 소프트웨어 개발은 물론이고 애자일 방법론을 적용한 각종 프로젝트나 경영방식의 핵심이자 기본 원칙으로 활용되고 있습니다. 그 원문과 번역문은 다음과 같습니다.

We are uncovering better ways of developing software by doing it and helping others do it. Through this work we have come to value:

Individuals and interactions over processes and tools

Working software over comprehensive documentation

Customer collaboration over contract negotiation

Responding to change over following a plan

That is, while there is value in the items on the right, we value the items on the left more.

우리는, 소프트웨어를 개발하면서, 그리고 또한 다른 사람의 개발을 도와주면서 소프트웨어를 개발하는 더 나은 방법들을 찾아 나가고 있다. 이 작업을 통해 다음과 같은 가치를 추구하게 되었다.

프로세스나 도구보다는 **개인과 상호 작용**을,
포괄적인 문서보다는 **작동하는 소프트웨어**를,
계약에 대한 협상보다는 **고객과의 협력**을,
계획을 고수하기보다는 **변화에 대응하는 것**을 더욱 가치 있게 여긴다.

이 말은, 전자도 가치가 있긴 하지만, 우리는 후자 쪽에 더 많은 가치를 둔다는 것이다.

애자일 방법론은 고객을 중심으로 삼고 끊임없는 개선과 성장을 추구하는 능동적인 사고를 기본철학으로 삼기 때문에, 소프트웨어 개발 분야 및 프로젝트 관리 방법론을 넘어 다양한 분야에서 변화와 혁신을 이끄는 원동력으로 자리매김하고 있습니다. 여러분도 기회가 되신다면 현재의 업무나 프로젝트에 애자일 접근방식을 한 번 적용해 보시기를 바랍니다.

KEYWORDS

통섭

창의융합
인재

르네상스맨

14장

그는 인문학으로
가득 차 있다

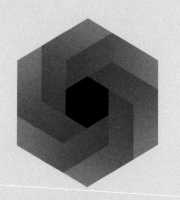

chapter. 14

　성공하려면 한 우물만 파라는 말이 있다. 한 분야에서 깊은 지식과 경험을 쌓아 해당 분야 전문성을 쌓으라는 말이다. 이 말은 모든 것이나 여러 분야의 것들을 동시에 다 잘하는 사람은 없거나 드물기 때문에, 자신이 잘할 수 있는 분야를 선택해서 집중하라는 의미도 담고 있다.

　하지만 어떤 사람들은 한 가지만 잘해서 성공하는 시대는 이미 지났다고 말한다. 급격한 환경 변화로 성공을 위해 요구되는 것들이 복잡다단해진 만큼, 한 분야에만 국한된 것이 아닌 여러 분야에 걸친 다양한 시각으로 사물과 현상을 바라볼 수 있는 융합적이고 다학제적인 지식과 경험이 필요하다고 믿는 사람들도 있다. 이들은 여러 최첨단 기술들의 융복합으로 혁신을 만들어 내야 하는 4차 산업혁명 시대에는 '창의융합인재'가 바람직한 미래의 인재상이라고 강조한다.

두 가지 상반된 관점 중 어느 하나가 정답이라고 딱 잘라 말할 수는 없다. 분야나 직업에 따라서 여전히 한 우물만을 판 경우가 더 우세할 수도 있고, 딱 한 분야의 전문성이 아닌 여러 분야를 넘나드는 경험과 지식을 요구하는 직업들도 있다. 하지만 '통합', '융합', '통섭Consilience'* 등의 키워드가 과거보다 더 많이 그리고 더 널리 사용되고 있는 것을 봤을 때, 전문성의 깊이 뿐 아니라 넓이까지 갖춘 '다재다능'한 사람을 필요로 하는 분야가 점차로 많아지고, 또 그런 인재를 원하는 사회적인 분위기로 흐르고 있다는 걸 알 수 있다.

서양에도 이런 융합형 인재를 가리키는 '르네상스맨'이라는 용어가 있다. 르네상스맨은 다양한 분야에서 뛰어난 지식과 기술을 두루 갖춘 다재다능한 인물을 가리킨다. '다시re 태어난다naissance'는 뜻을 가진 르네상스 시대는 교회 중심이었던 중세시대를 벗어나서 고대 그리스 로마 시대의 인본주의, 즉 인간 중심의 문화를 다시 부흥시키고자 이탈리아를 시작으로 전 유럽으로 확산된 14세기 말부터 17세기 초까지의 문화와 예술 전반에 걸친 재탄생을 의미한다. 르네상스 시대에는 문화와 예술뿐 아니라 과학, 건축 등 다양한 분야가 서로 영향을 주고받으며 함께 번영했다. 따라서 이런 다양한 분야에 걸쳐 특출한 능력을 발휘한 이들을 르네상스맨이라고 부르게

• 지식의 통합이라고도 불리는 '통섭(統攝, Consilience)'은 다양한 학문 분야를 경계와 장벽 없이 사고하여, 여러 분야에서 발견한 다양한 이론들을 한데 묶어 공통된 이론이나 설명체계를 만드려는 노력을 의미한다.

된 것이다. 예를 들어, 천재적인 화가이자 발명가, 그리고 천문학, 공학, 해부학까지도 아울렀던 레오나르도 다 빈치는 대표적인 르네상스맨이라고 할 수 있다.

오펜하이머도 르네상스맨이였다. 핵폭탄을 만들어 냈다는 과학업적을 넘어서, 오펜하이머는 다양한 분야의 지식에 엄청난 갈증과 열정을 가지고 있었다. 그는 뛰어난 이론 물리학자였을 뿐 아니라 문학, 예술 그리고 철학에 심취한 사람이였다. 여러가지 언어를 유창하게 구사한 오펜하이머는 시 읽는 것을 좋아했고, 고전 문학을 토론하기를 좋아했다. 인류 최초의 핵 실험이였던 트리니티 테스트의 성공 후 오펜하이머가 자신의 복잡한 심경을 토로한 독백으로 알려져 있는 "나는 이제 죽음이요, 세상의 파괴자가 되었다"*도 힌두교의 주요 경전 중 하나인 《바가바드 기타》에서 인용된 것이다. 그는 대학교 시절부터 이미 산스크리트어를 공부하기 시작했고 첫 직장인 UC버클리에서도 산스크리트어 교수였던 동료 아서 라이더에게 매주 개인교습을 받기도 했다.

그의 물리학과 과학 이외의 분야, 특히 인문학에 대한 지대한 관심은 그에게 '철학자-과학자'라는 별명을 붙여 주었다. 그는 과학의 사회 문화적인 의미에 대해 늘 심각하게 고민하고 이를 자신의

---

* 트리니티 테스트에서 오펜하이머가 한 말로 알려져 있는 이 구절은, 1965년 미국 NBC방송사와의 인터뷰에서 오펜하이머가 당시를 기억하며 한 인터뷰를 통해 알려졌다. 오펜하이머는 트리니티 테스트에서 핵폭탄이 터진 후 버섯구름이 하늘로 떠오르는 것을 보면서 이 구절을 생각했다고 당시를 회고했다.

발표와 책 등에 녹이기 위해 노력했다. 영화 〈오펜하이머〉에서 감독 크리스토퍼 놀란은 오펜하이머의 크나큰 예술과 문화에 대한 관심사와 인문학에 바탕을 둔 심오한 그의 철학까지는 다루지 않았다. 하지만 그에 대한 많은 기록들은 그가 맨해튼 프로젝트의 이전과 이후에도 물리학뿐만 아니라 광범위한 분야에 관심이 있었음을 잘 보여준다. 예를 들어, 오펜하이머는 1966년 6월에 프린스턴 대학교로부터 명예 박사학위를 수여받는 자리에서 '물리학자이자 선원, 철학자이자 승마인, 언어학자, 요리사, 좋은 와인 애호가이자 시인'이라고 소개받았다.

그가 르네상스맨으로 성장한 여러가지 이유가 있겠지만, 그 중에는 어린 시절부터 부모님에게 받은 영향도 크다. 어머니였던 엘라 프리드먼은 재능 있는 화가였다. 아버지 줄리어스 오펜하이머는 독일에서 미국으로 건너온 후 옷감을 고르는 탁월한 식견과 안목으로 막대한 부를 축적한 인물이었다. 오펜하이머가 어렸을 때 그의 가족은 뉴욕 맨해튼에 위치한 허드슨 강이 내려다보이는 넓은 아파트 한 층 전체에 살고 있었는데, 그의 집 안에는 피카소, 렘브란트, 르누아르, 폴 세잔, 그리고 빈센트 반 고흐의 그림들을 포함한 수많은 예술 작품들이 있었다고 한다.

젊은 시절의 그는 과학도로서의 천재성뿐 아니라 이탈리아어로 쓰여진 단테의 글들, 독일어로 쓰여진 칼 마르크스의 《자본론》, 그리고 산스크리트어로 된 《바가바드 기타》를 읽는 등 언어적인 천재성도 보였다. 그의 언어 능력과 관련해서 영화에서는 그가 이지도어 라비를 처음 만나는 네덜란드의 레이던 대학교에서 단지 몇 개월 동안 배운 네덜란드어로 유창하게 강의를 하는 장면으로 묘사된다.

오펜하이머는 시까지도 섭렵하기도 했다. 오펜하이머가 박사과정 학생이었던 1927년에 그를 만난 물리학자 폴 디랙은 이렇게 물었다고 한다. "사람들은 당신이 물리학뿐만 아니라 시까지 쓴다고 하던데, 도대체 어떻게 두 가지를 모두 할 수 있는 거지요? 물리학은 아무도 몰랐던 것을 이해할 수 있도록 사람들에게 설명하는 것이고, 시를 짓는 것은 그 반대 아닌가요? 난 우리가 물리학만 하기에도 바쁜데 음악이나 그림 같은 예술에 너무 많은 시간을 뺏기고 있는 건 아닌지 걱정되네요." 당시 디랙은 과학연구 이외에 아무것도 관심이 없는 다소 괴팍한 사람으로 알려져 있었다. 어느 날 오펜하이머가 몇 권의 책을 선물로 주려고 하자 디랙은 책을 읽는 것이 생각하는 것에 방해가 된다며 거절했다는 에피소드도 있다.

UC버클리에서 오펜하이머의 제자였던 로버트 서버는 오펜하이머의 관심사는 정말 방대했기 때문에 수업시간에 전기역학, 우주선, 그리고 핵물리학까지 한데 아우르는 종합적인 토론을 할 수 있었고, 이로 인해 학생들의 만족도가 매우 높았다고 회고했다. 1963년 한 잡지사에서 그에게 가장 큰 영향을 미친 책 열 권에 대해 물었을 때, 그 중 단 두 권만이 과학관련 책이었다고 한다. 그 목록에 포함된 나머지는 T. S. 엘리엇의 《황무지》, 보들레르의 《악의 꽃》, 셰익스피어의 《햄릿》, 단테의 《신곡》, 그리고 플로베르의 《감정교육》 등이다. 이 책들은 오펜하이머가 인문학에 지대한 관심이 있고 또 정통

했다는 것을 잘 보여준다.

그가 보안인가를 갱신하지 못하고 결국 정부와 관련된 주요 보직에서 손을 땐 체, 프린스턴 고등연구소 원장으로만 재직하는 동안에도 그의 인문학에 대한 열정은 끊이지 않았다. 그는 고등연구소 내 많은 과학자들의 강력한 반대에도 불구하고 시인 T. S. 엘리엇, 고전 역사학자 해럴드 체르니스, 연극학자 프랜시스 퍼거슨, 역사가 아놀드 토인비, 정치철학자 이사야 벌린은 물론이고 여러 심리학자들까지도 고등연구소에 정식 연구원 혹은 소장의 특별 초빙연구원 자격으로 초빙했다. 그가 생각한 이상적인 학문의 요람은 학제적Interdisciplinary, 즉 여러 학문 분야가 관련되어 있을 뿐만이 아니라, 다학문적Multidisciplinary 혹은 범학문적Transdisciplinary이어야 한다는 것을 잘 보여주는 부분이다.

그렇다면 왜 우리는 이런 르네상스맨이 필요하며, 통섭과 다학제적인 관점에서 다른 분야의 지식을 거침없이 수용하고, 또 인문학의 중요성을 알아야 할까? 오펜하이머 같은 가정 배경과 언어적 천재성을 가진 이는 드물기 때문에 그와 같이 되는 것은 거의 불가능하다. 하지만 좀 더 쉽게 실천할 수 있는 방법으로서, 우리는 왜 자신의 전문 분야를 넘어서 다른 분야들에 대해서도 관심을 가지고 또 필요하다면 받아들여야만 할까?

우리는 '통섭'이 가진 진정한 의미에서 그 이유를 찾아볼 수 있다. 최재천 교수가 쓴 글을 보면, 통섭統攝에서 통統은 '큰 줄기' 혹은 '실마리'의 뜻을 가지고, 섭攝은 '잡다' 또는 '쥐다'의 뜻을 가지기 때문에 둘을 합쳐서 '큰 줄기를 잡다'는 의미로 쓰여왔다고 한다. 이는 경계와 장벽이 없는 자유로운 사고를 하다 보면, 더 큰 맥락에서 더 큰 줄기를 볼 수 있기 때문에 어떤 현상을 포괄적으로 더 잘 이해하고 또 설명할 수 있다는 의미로 받아들일 수 있다. 물리학 분야만 본다면 로스앨러모스에는 오펜하이머보다 더 뛰어난 과학자들이 많았다. 예를 들어, 노벨물리학상을 받지 못한 오펜하이머와는 다르게 아서 콤프턴, 제임스 채드윅, 엔리코 페르미, 제임스 프랑크, 어니스트 로런스 등은 노벨물리학상 수상자들이라는 타이틀을 가지고 맨해튼 프로젝트에 합류했다. 하지만 그들과 오펜하이머의 차이점을 하나만 꼽자면, 바로 오펜하이머의 다양한 분야에 대한 관심사와 경험들로부터 온 통섭적인 접근법일 것이다. 로스앨러모스에서 오펜하이머의 개인 비서로서 그가 일하는 모습을 누구보다 가까이에서 지켜봤던 데이비드 호킨스는, "토론이 길어지면 어느새 오펜하이머가 요약해 결론을 내리고 있었습니다. 그는 아무도 이의를 제기하지 않는 방식으로 논점을 정리하는 탁월한 능력을 가지고 있었어요. 그건 마치 마술 같았죠. 그보다 훨씬 더 뛰어난 업적을 가진 과학자들도 오펜하이머의 말을 존중하고 따랐습니다"라며 그가 큰 줄기를 잡을 수 있는 뛰어난 통섭 역량을 보였다는 것을 증명했다. 영화의 원작을 보면, 저자인 카이 버드와 마틴 셔윈은 오펜하이머의 주변인들과의 인터뷰를 통해 왜 오펜하이머가 노벨상을 받지 못했는지에 대해 설명하고 있다. 그 이유는 노벨상은 한 분야에서 매우 구체적인 성과를 낸 과학자들이 받는 상인데, 오펜하이머의 천재성은 물리학계 전반의 다양한 성과들을 통합할 수 있는 능력에 있었기 때문이라고 썼다. 비록 오펜하이머가 노벨물리학상을 받지는 못했지만 그의 통합적인 사고능력과 통섭적인 접근방식이 다른 사람들을 이끌어 핵폭탄을 만드는 데 큰 역할을 했다고 보는 것이다.

리더가 모든 것을 다 잘 할 수는 없다. 그렇기 때문에 현실적이면서도 효과적인 리더십은 부하직원들이 가진 개개인의 능력과 전문성을 하나로 잘 통합시키고 시너지를 만들어서 더 큰 성과를 만드는 것이다. 그리고 통섭은 다양한 의견, 관점 또는 이해관계를 조화시키는 과정을 의미하기도 한다. 따라서 효과적인 리더라면 당연히 가지고 있어야 할 역량 중 하나가 통섭이다.

그리고 이 통섭의 역량을 키우기 위해서 우리가 관심을 가져야 할 것이 바로 인문학이다. 통섭이 포함하고 있는 다양한 의미 중에는 자연과학과 인문학의 연결 내지는 통합도 있다. 자신의 전공분야가 문과인지 이과인지는 상관없이 인문학에 대한 관심이 필요하다는 이야기는 누구라도 한 번쯤 들어봤을 것이다. 인문학의 필요성은 인문분야 이외의 실용적 분야와 학문의 중요성이 커지면서 대두된 것이 사실이다. 비단 우리나라뿐 아니라 미국은 물론이고 유럽국가들조차도 인문주의와 인문학의 위기와 필요성은 늘 제기된다. 많은 다양한 의견이 있지만, 인문학의 가치는 인간으로서 우리 자신의 근원에 대해서 더 잘 알아야 한다는 것과 인문학이 다른 분야들과는 다르게 분석적이고 비판적인 접근방식을 더 폭넓게 사용한다는 사실에 있다. 이런 인문학의 가치와 중요성에 대한 동의여부를 떠나서, 앞서 살펴본 오펜하이머의 사례들과 효과적인 리더에게 필요한 통섭적인 접근방식의 중요성을 생각해 본다면, 주변 사람들에게 인문학으로 너무 가득 차 있다고 지적을 받은 오펜하이머만큼은 아니더라도, 적어도 나 자신에게 왜 인문학이 필요한지, 그리고 인문학적 지식과 소양을 쌓기 위해서는 어떤 방법이 있을지 한번쯤은 고민해 볼 필요가 있지 않을까?

KEYWORDS

진성리더십   진정성

15장

결국,
진정성이다

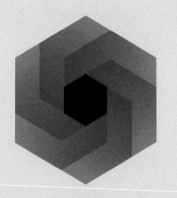

chapter. 15

이 세상의 수많은 격언 중에서 가장 잘 알려져 있는 것 중 하나는 아마도 "너 자신을 알라"일 것이다. 고대 그리스 델포이의 아폴로 신전에 새겨져 있었다고 하는 이 격언은 소크라테스가 한 말로 알려져 있지만, 처음 그 말을 했거나 그 문구를 아폴로 신전에 새긴 이는 누구인지 확실치 않다. 하지만 그 의미가 소크라테스 철학과 일맥상통하기 때문에 그가 말한 명언으로 알려져 있다.

"너 자신을 알라"는 오랜 역사 속에서 여러가지 의미로 해석되어 왔다. 예를 들어 "너의 한계를 알라", 즉 자신이 가진 능력의 수준을 알고, 사회나 집단 속에서 자신의 위치를 알고, 또 인간으로서 결국 죽음을 맞이할 것을 깨달으라는 의미가 강조되기도 했다. 그리스 철학자인 플라톤은 "너의 영혼을 알라"라는 의미로 이를 철학적 면에서 더 광범하게 해석하기도 했다.

다양한 해석들과 설명들이 공통으로 강조하는 것은 결국 "나 자신을 인지하고 이해함으로써, 이 세상을 이해하게 되고 또 지식이나 깨달음을 얻을 수 있다"고 할 수 있다. 자기 자신을 깊이 이해하고 스스로를 알아가는 것이 중요하며, 그 과정에서 자기 발견과 성장이 이루어진다는 것이다. 이렇게 진정한 자기인식이 매우 중요하기 때문에 결국 자기 자신을 거짓됨 없이 진실되게 보고 이해하는 것, 즉 스스로에 대한 진정성을 가지는 자세가 중요하다고도 해석이 가능하다.

한편, 진정성은 그리스 말인 'Authentikos(자연스럽게 생긴, 진정한)'에서 비롯된 말로 원래의 형태나 본질을 유지하면서 모방이나 가짜가 아닌 진실한 상태를 의미한다. 그리고 그 'Authentikos'의 어원은 고대 그리스어인 'Authentes'인데, 이 단어는 'autos(자신)'와 'hentes(행동하는 존재 혹은 성취)'의 두 의미가 합쳐져서 '자신의 권위에 따라 행동하는 사람'이라는 뜻을 지닌다. 여기에서 스스로의 힘과 의지에 따라 행동하는 사람이 바로 진정성이 있는 사람이라는 것을 알 수 있다. 그리고 이러한 진정성을 가지는 것은, 소크라테스가 "반성하지 않는 삶은 살 가치가 없다"면서 강조한 '자기탐구'와 '자기성찰'을 통해, 즉 나 자신을 더 잘 알고 이해하는 노력을 통해서 실현이 가능하다.

그런데 어찌 보면, 그렇게 어려울 것만 같지는 않은 진정성을 추구하는 일, 다시 말해 나 자신에 대해 아는 것이 왜 실제로는 쉽지 않을까? 왜 나 자신을 비롯해서 우리 주변에는 진정성이 있는 사람이 생각보다 그리 많지 않을까?

　여러가지 이유가 있겠지만 그 중 하나는 그 진정성의 개념 안에는 자신을 아는 것뿐만이 아니라 그런 자신을 이해하고, 인정하고, 또 온전히 받아들이는 것을 포함하기 때문이다. 게다가 자신을 온전히 받아들이는 노력은 지금까지 자신이 겪어온 경험과 삶, 그리고 자신의 가치관을 타인의 시선이 아닌 나만의 시선으로, 즉 주체적으로 이해하고 또 주도적으로 통제하는 것까지도 포함한다.

　게다가 우리는 타인의 기대 혹은 사회적인 기대나 잣대에 영향을 받거나 쉽게 휘둘린다. 모두가 한 명의 주체적인 개인으로서 자신의 가치와 목표에 맞게 삶을 살아가야 한다는 것을 안다. 하지만 우리는 그게 결코 쉽지 않다는 것도 잘 안다. 독립적이고 개인적인 나 자신도 있지만, 나는 누군가의 자식, 부모, 친구, 그리고 한 조직에 속한 구성원 등 소속과 관계 속의 나도 있기 때문이다. 그리고 우리는 때때로 타인의 시선이나 평가에 대해 스스로를 보호하기 위해, 자신을 감추거나 혹은 의도적으로나 의도치 않게 마치 다른 사람인 것처럼 말하거나 행동할 때도 있다. 다시 말해, 상처받지 않으려는 마음에서 진짜 자신, 즉 자신의 진정성을 숨기게 된다.

　이러한 이유로 자신의 진정성, 쉽게 말해 자기 자신만의 '무언가'를 알고 이를 다른 이들에게 전달하는 것은 참 어려운 일이다. 자기만의 무언가는 자신의 결함이나 모순을 알면서도 그런 자신의 모습에 직면한 사람, 다시 말해 스스로에게 솔직하고 떳떳하기에 자신을 굳이 꾸며내지 않는 사람에게 보이기 마련이다. 이런 이유로 진정성이 담긴 목소리, 태도, 행동은 강한 호소력을 가진다. 사람은 진실한 대상에게 공감하고 또 자신도 모르게 끌리기 때문이다. 예를 들어, 사람들은 가창력이 뛰어난 가수가 "내가 얼마나 노래를 잘 부르는지 봐라!"며 부르는 노래보다, 가창력은 부족하더라도 자신의 진심을 담아 노래와 하나가 된 가수에게 더 감동을 느낀다.

이렇게 진정성은 타인의 마음을 사로잡는 힘이 있기 때문에, 부하직원을 포함한 타인에게 어떻게 하면 긍정적인 영향력을 행사할 수 있을지를 연구하는 리더십 분야에서도 진정성이 담긴 리더십을 연구해 왔다. '진정성 리더십' 혹은 '진성 리더십'이 바로 그것이다. 진성 리더십의 핵심 개념도 '자기자신에 대한 진정성'이다. 진정성과 마찬가지로 매 순간 진실한 자아를 발현하기 위해 노력하는 리더가 되어야 한다는 것이다. 진정성을 갖춘 리더는 자신의 도덕적 가치를 알고 또 그에 따라 행동하며, 부하직원들과의 관계에서 개방성과 진실성을 가지고자 노력한다. 또 그들은 치열한 경쟁과 단기성과의 압박 하에서도 자신의 도덕적 신념을 지키면서 부하직원들까지도 진정성 있는 사람으로 변화시켜 그들이 삶의 의미와 행복을 찾을 수 있도록 돕는다. 다시 말해, 그들은 스스로 진정성을 가지고자 노력하면서 자신의 가치와 인식이 언행일치와 솔선수범을 통해 자신은 물론이고 부하직원들에게까지 긍정적인 영향력을 미치는 것이다.

진성 리더십을 구성하는 요소는 매우 다양하지만, 대표적으로 '자기인식', '관계적 투명성', '내적 도덕관점', 그리고 '균형적 프로세스'를 들 수 있다.

1. **자기인식**: 자기 자신을 깊이 이해하고 받아들인다. 즉, 리더 스스로의 감정, 가치관, 강점, 약점 등을 인지하고, 자신의 존재 이유와 삶의 목적을 발견함으로써 자신과 조직의 정체성에 대해 성찰하고 이를 통해 일관성 있는 행동을 보인다.

2. **관계의 투명성**: 투명하고 개방적인 의사소통, 즉 리더가 정보를 공유하고 자신의 실제 생각과 감정에 충실한 표현을 통해 부하직원들과 신뢰가 있는 관계를 맺고 유지한다.

3. **내재화된 도덕적 관점**: 동료나 조직, 혹은 사회적 압력과 같은 외부 요인보다는 자신이 내면으로 습득한(내재화한) 도덕 원칙과 가치를 일관성 있게 지속해서 실천한다.

4. **균형 잡힌 프로세스**: 다양한 의견과 정보를 균형 있게 처리하고 객관적으로 판단한다. 즉, 자신과 구성원들의 주관적인 판단이나 편견을 가능하면 배제하고 최대한 공정하게 의사결정을 내린다.

그렇다면 오펜하이머는 진정성 있는 리더였을까? 사실 그가 진성 리더십의 표본이었다고 말하거나 로스앨러모스 연구소에서 보여준 그의 리더십이 한마디로 진성 리더십이었다고 못 박는 것은 다소 무리가 있다. 오펜하이머가 스스로의 도덕적 가치를 알면서 자신에게 떳떳한, 진실로 진정성 있는 사람이었는지 여부는 오펜하이머 자신 말고는 알 수가 없다.

앞에서 설명한 진성 리더십의 네 가지 요소 중 가장 중요한 하나는 첫 번째인 '자기인식'이다. 자기인식은 진정성이 가지고 있는 본연의 의미와 가장 밀접하게 연관이 있다. 그런데 자기인식은 말 그대로 '나 자신을 아는 것'과 관련되어 있는 지극히 개인적인 내적 특성이기 때문에, 자신의 진실한 성찰에 의해서만 제대로 평가될 수 있다. 물론 진성 '리더십'의 관점에서 그 영향력을 받는 부하직원들이 리더의 말이나 행동 등으로 리더의 자기인식 수준을 간접적으로 관찰하고 추론할 수도 있다. 하지만 그 결과는 사실과 다를 가능성도 있다. 이런 이유로 오펜하이머가 스스로의 자기인식에 대해 판단해서 직접적으로 언급했다는 내용과 자료는 없기 때문에, 그의 자기인식 수준이 매우 높았다거나 자신의 진실한 자아에 대해 깊이 성찰하고 받아들인 진정성 있는 사람이었다고 단언하기에는 무리가 따른다.

하지만 그가 진정성이 떨어지는 사람이라고 말할 수 있는 근거들 역시 찾아볼 수 없다. 그리고 무엇보다도 타인들이 오펜하이머와의 관계 속에서의 느낀 경험들과 오펜하이머가 말하고 행동한 것들을 통해서 그가 진지하게 '진정성'을 추구하려고 노력한 인물이었다는 것을 짐작해 볼 수 있다.

1945년 10월 16일, 종전 후 두 달여 만에 오펜하이머는 모두의 박수를 받으며 로스앨러모스 연구소를 떠났다. 그리고 보름 남짓 후인 11월 2일 그는 로스앨러모스로 돌아와 연구소의 모든 사람들을 대상으로 '우리가 직면한 난관'에 대해 연설을 한다. 오펜하이머는 이 연설을 통해 자신이 느끼는 혼란스러운 감정을 가감없이 고백하는 동시에, 과학자이자 핵폭탄을 개발한 당사자로서 그곳 모두가 앞으로 벌어질 정치적인 혼란과 위기에 대한 책임에서 자유롭지 못할 것을 말했다고 한다. 그가 말하기를, "우리는 이것이 심대한 위기라는 것을 인정하고, 우리가 만들기 시작한 핵무기가 매우 끔찍한 물건이라는 사실을 직시하고, 이 사실이 조그만 변화만을 만들어 내는 것이 아니라 거대한 변화를 가져오리라는 것을 알아야 한다고 생각합니다"고 했다. 그리고 준비된 원고 없이 진행된 이 연설을 들은 관중들은 깊은 공감과 감명을 받게 된다. 심지어 몇 년이 지난 후에도 그곳에 있던 이들은 당시의 연설을 생생히 기억한다고 증언했다. 모두가 오펜하이머의 솔직한 자기고백에 담긴 진정성과 그 진정성을 바탕으로 한 주장에 실린 호소력을 느낀 것이다.

시간이 좀 더 지나 1946년 초부터 그는 자신이 연설 중에 언급했던 그 혼란스러운 감정에 대해 결론을 낸 듯했다. 국제기구를 통한 핵무기 통제와 미국의 군비축소에 대해 본격적으로 목소리를 내기 시작한 것이다. 그는 자신이 얼마 전 로스앨러모스의 과학자들에게 당부했던 책임감과 현실직시를 스스로 먼저 실천에 옮긴 것이다. 그는 핵폭탄의 아버지라는 자신의 명성과 영향력을 이용해서 적극적으로 활동하면서 다른 이들을 설득하려고 했다. 여기에서도 역시 그가 자신의 생각과 행동이 다르지 않은 언행일치와 자신을 따르던 과학자들의 모범이 되는 솔선수범이라는 진정성의 중요한 가치들을 실천한 것을 알 수 있다.

앞서 우리는 진정성이 자신의 결함이나 모순을 알면서도 그런 자신의 모습을 회피하지 않고 직면한 사람이 보이는 특징이라는 것을 알 수 있었다. 오펜하이머가 보여 준 모순의 핵심은 핵폭탄을 개발한 주역인 그가 종전 후에는 핵폭탄을 반대했다는 사실이다. 그리고 핵무기 반대라는 기존과는 다른 모순된 입장은 자신의 행동과 선택이 불러온 결과, 즉 핵폭탄 투하로 인한 많은 사람들이 죽었다는 사실은 물론이고, 핵폭탄으로 인해 앞으로 벌어질 더 큰 재앙들에 대한 죄책감과 그걸 넘어선 책임감에서 비롯되었다고 할 수 있다. 그런데 이 책임감은 자신이 진두지휘한 핵폭탄 개발이 초래한 결과를 외면하거나 왜곡하지 않았기 때문에 가질 수 있던 것이다. 이미 벌어진 현실, 예상되는 위협에 직면해서 상황이 더 최악으로 치닫는 것을 막으려고 한 진정성 있는 결정이라고 볼 수 있다. 1966년 오펜하이머는 제자인 데이비드 봄에게 부치는 편지의 말미에 이렇게 적었다. "책임감과 죄책감에 대한 내 감정은 항상 현재에 발을 딛고 있고, 지금까지는 그것만으로도 다른 것들에 신경 쓸 여력이 없는 것 같다." 그리고 그는 그 해 12월 〈라이프〉지와 진행한 인터뷰에서도 "나는 이제 내 인생을 묘사하면서 '책임감' 같은 단어를 사용하지 않고 어떻게 설명할 수 있을지 모르겠습니다. (중략) 우리는 결국 스스로 행하는 행동에 대해서만 힘을 가질 수 있습니다. 하지만 더 많은 지식, 돈, 시간은 우리가 책임감을 가져야만 하는 범위를 넓히고 있습니다"라고 말했다.

이는 핵폭탄이 투하된 지 20년이 넘게 지났고, 수소폭탄을 반대하고 핵무기 축소를 주장했다는 이유로 원자력에너지위원회에서 불명예스럽게 퇴출된 지 10여 년이 지난 시점의 발언들이었다. 그의 말들은 모든 사람은 자신이 한 행동에 책임을 져야 하고 또 그 책임을 지는 것이 얼마나 힘들고 어려운 일인지를 알아야만 함을, 즉 자기자신은 책임감에서 비롯한 해야 할 일을 했을 뿐이라는 것을, 그리고 여전히 그 무거운 책임감의 무게를 지고 있다는 것을 보여준다.

그의 말과 행동을 통해 핵확산 반대라는 자신의 선택으로 지워진 고통에 분노하거나 억울해하기보다는, 자기가 책임져야 할 현실이라는 것을 오롯이 받아들였다는 것을 짐작할 수 있다. 오펜하이머는 핵무기 반대라는 쉽지 않은 결정이 온전히 자신의 신념을 바탕으로 한 것이라는 것을 알았기 때문에, 자기모순에 빠진 사람이라는 비난을 받는 상황에서도 자신의 뜻을 굽히거나 자신의 선택을 후회하지 않았다. 그렇게 스스로의 믿음을 판단의 기준으로 삼으면서, 타인의 평가에 훼손되지 않는 굳은 신념을 통해 주체적으로 자신을 지키는 모습은 진정성이 가지는 핵심 가치는 물론이고 진정성 있는 리더의 모습과 오버랩 된다.

그런데, 이런 오펜하이머도 처음부터 깊은 진정성을 갖췄거나 가지기 위해 부단히 노력했던 사람은 아니었던 것 같다. 영화 〈오펜하이머〉를 보면 로스앨러모스 연구소 초창기에 장교 군복을 차려 입은 오펜하이머에게 이지도어 라비가 이렇게 말하는 장면이 있다. "Take your uniform off … So, be yourself, only better(먼저 그 군복을 좀 벗어버려.… 너 자신이 돼야지, 더 나은 자신.). 여기에서 "Be yourself"는 자신의 본래 모습을 지키라는 것을 의미하고, "Only better"는 좀 더 나은 버전의 자신이 되도록 노력하라는 것을 의미한다. 이지(오펜하이머는 라비를 이지라고 친근하게 불렀다)의 이 말은 친구 오펜하이머에게 마치 군인처럼 자신을 변화시키거나 가면을 쓴 채로 행동하지 말고 너 스스로가 가진 본래의 모습, 즉 오펜하이머가 원래 가지고 있는 가치와 성향을 유지하면서 더 발전된 모습으로 나아가라는 메시지를 담고 있다. 사실 영어권 국가에서 누군가에게 조언을 할 때 "Be yourself"라는 말을 자주 사용한다. 참고로, 이 말은 한글로 "자기 자신이 되라" 뿐만이 아니라 "자연스럽게 해라"는 의미로 해석되기도 한다. 오펜하이머를 향한 라비의 진심 어린 충고에서 느낄 수 있듯이, 이 짧지만 직설적인 "자기 자신이 되라"는 말은 진정성의 의미를 정확하게 함축하고 있다. 만약 우리가 진정성의 의미를 깨닫는다면, 이 별것 없을 것 같은 문구가 가지는 무게와 힘이 크다는 것도 알 수 있을 것이다.

우리나라에서는 요즘 업종을 불문하고 '~다운'이라는 말이 붙은 간판이나 홍보문구를 종종 목격한다. 예를 들어, '변호사다운 변호사들의 로펌, 법무법인 XX', '서점다운 서점, YY문고', '버거다운 버거, ZZZ 버거' 등 다양한 곳에서 그 단어를 볼 수 있다. '~답게', '~답다', 그리고 '~다운'의 사전적 정의는 '성질이 있음'을 뜻하거나 '특성이나 자격이 있음'의 뜻을 더하는 접미사다. 이런 접미사가 홍보용이나 자신들의 정체성을 나타내기 위해 많이 사용된다는 것은 그 본연의 성질이나 자격을 갖추고 있다는 사실 자체가 남들과 차별이 될 수 있고, 또 고객들을 끌어들이는 매력포인트로 작용하기 때문이라고 해석이 가능하다. 여기에서도 역시 '나답게 행동하는 것', '나다운 것', '나다워지는 것' 등 자신 본연의 모습을 찾는 것이 개인이 가질 수 있고 또 남에게 보여줄 수 있는 진정성의 핵심이라는 것을 알 수 있다.

이렇게 스스로를 알고 이해하는 것 즉, 진정성의 힘과 긍정적인 영향력을 알게 된 사람은, 아무리 시간이 없고 마음의 여유가 부족하더라도, 진정한 나다움이 무엇인지 발견하기 위해 자기를 거짓 없이 탐구하고 진실되게 성찰하려는 노력을 게을리하지 않을 것이다. 그리고 진정성을 찾으라는 말인 "너 자신을 알라"가, 더 나은 내가 될 수 있을 뿐 아니라 더 나은 리더가 되는 가장 강력하고 효과적인 메시지라는 것 역시 진심으로 이해할 것이다.

다음의 질문은 진성 리더십의 네 가지 차원에 대한 구체적인 내용들을 포함하고 있습니다. 각 질문의 내용에 대해 자신을 솔직하게 평가해 본 후, 여러분의 답변으로 '1 (정말 그렇지 않다)', '2 (그렇지 않다)', '3 (중립적임: 그럴 때도 아닐 때도 있음)', '4 (그렇다)', '5 (정말 그렇다)' 중 하나를 선택하시기 바랍니다.

1. 나는 나의 가장 큰 약점 세 가지가 무엇인지 알고 있다.   1 - 2 - 3 - 4 - 5

2. 내 행동들은 내가 가진 핵심가치(가치관)를 반영한다.   1 - 2 - 3 - 4 - 5

3. 나는 무언가 마음을 먹기 전에 다른 사람의 의견을 구한다.   1 - 2 - 3 - 4 - 5

4. 나는 다른 사람에게 내 속마음을 공개하고 또 나눈다.   1 - 2 - 3 - 4 - 5

5. 나는 나의 가장 큰 장점 세 가지가 무엇인지 알고 있다.   1 - 2 - 3 - 4 - 5

6. 나는 사회적인 압력, 즉 동료나 집단에 의해 휘둘리지 않는다.

    1 - 2 - 3 - 4 - 5

7. 나는 나를 반대하거나 내 생각과 다른 사람들의 의견을 잘 듣는다.

    1 - 2 - 3 - 4 - 5

8. 나는 한 사람으로서 진정한 나의 참 모습을 다른 사람들에게 알린다.

    1 - 2 - 3 - 4 - 5

9. 나는 한 사람으로서 나 자신이 정말 누구인지 알고 이해하기 위해 다른 사람들의 의견이나 피드백을 구한다.   1 - 2 - 3 - 4 - 5

10. 내 주변 사람들은 논쟁의 여지가 있는 문제들에 대해 내가 주로 어떤 입장을 취하는지 알고 있다.   1 - 2 - 3 - 4 - 5

11. 나는 다른 사람들을 희생시키거나 그들의 감정을 상하게 하면서 내 관점을 강조하지는 않는다.   1 - 2 - 3 - 4 - 5

12. 나는 다른 사람들에게 내 거짓된 모습을 보여주는 일이 거의 없다.

    1 - 2 - 3 - 4 - 5

13. 나는 내 느낌과 감정들을 있는 그대로 받아들인다.　　　1 - 2 - 3 - 4 - 5

14. 내 도덕성은 내가 리더로서 하는 일들의 기준 중 하나가 된다.

　　　　　　　　　　　　　　　　　　　　　　　1 - 2 - 3 - 4 - 5

15. 나는 무언가 의사결정을 내리기 앞서 다른 사람들의 의견을 정말 주의 깊게 듣는다.　　　　　　　　　　　　　　　　1 - 2 - 3 - 4 - 5

16. 나는 다른 사람들 앞에서 내 실수를 인정한다.　　　1 - 2 - 3 - 4 - 5

점수매기는 방법:

• **자기인식**에 대한 1, 5, 9, 13번 항목의 합:　　　　　　　　＿＿＿＿＿＿ 점

• **관계의 투명성**에 대한 4, 8, 12, 16번 항목의 합:　　　　＿＿＿＿＿＿ 점

• **내재화된 도덕적 관점**에 대한 2, 6, 10, 14번 항목의 합:　＿＿＿＿＿＿ 점

• **균형 잡힌 프로세스**에 대한 3, 7, 11, 15번 항목의 합:　　＿＿＿＿＿＿ 점

결과해석:

각각의 요소에 대한 여러분의 점수를 비교해 보시면, 여러분이 어떤 영역에 강점이 있으며, 반대로 어떤 영역에 취약한지를 알 수 있을 것입니다. 참고로 합계점수로 16점 이상을 얻은 구성요소는 여러분이 강점을 가지고 있는 영역이며, 15점 이하라면 아직 개발의 여지가 있는 영역이라고 볼 수 있습니다. 그리고, 각 개별 질문에 대해서 여러분의 대답이 부정적(1-절대 그렇지 않음 혹은 2-그렇지 않음)인 항목들은, 주변사람들이 여러분을 진정성 있는 리더로 보지 않게 만드는 요인이 될 수 있기 때문에, 그렇게 대답한 이유와 혹은 앞으로 더 긍정적인 대답을 할 수 있도록 자신을 변화시킬 수 있는 방안을 고민해 보시기 바랍니다.

출처: Northouse, P. G. (2021). Leadership: Theory and practice. Sage publications. Chapter 11 Authentic Leadership: Authentic Leadership Self-Assessment Questionnaire. pp 280-281

KEYWORDS

인플루언스

리더십
로맨스

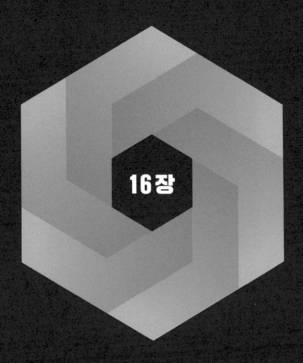

16장

그와 함께 있으면
우리도 탁월해졌다

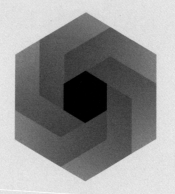

chapter. 16

리더십은 일반적으로 개인이나 집단에 영향을 미치는 위치에 있는 사람이 해당 개인이나 집단이 가진 목표의 성공적인 달성을 위해 방향성을 제시하는 과정이라고 정의된다. 좀 더 구체적으로는 업무 목표와 전략에 영향을 미치거나, 이러한 목표를 달성하기 위한 업무 수행과정에 영향을 미치거나, 집단이나 조직을 유지하는 데 영향을 미치거나, 조직 문화에 영향을 미치는 과정이라고 할 수 있다.*

이 밖에도 다양한 리더십에 대한 정의가 있지만, 거의 대부분은 '인플루언스', 즉 영향력을 행사한다는 의미를 포함하고 있다. 마치

---

* 이러한 리더십에 대한 학문적 정의 이외에도, 실제 리더 역할을 성공적으로 수행한 리더들이 내린 리더십의 정의는 많다. 예를 들어, 펩시콜라의 전 여성 CEO였던 인드라 누이는 "리더십은 정의하기 어렵고 좋은 리더십을 정의하는 것은 더 어렵다. 하지만 당신이 사람들을 지구 끝까지 당신을 따르게 할 수 있다면, 당신은 훌륭한 리더이다."라고 말했다.

SNS 상에서 팔로워가 많아서 영향력이 있는 사람을 뜻하는 '인플루언서'처럼, 조직 내 누군가가 다른 사람들에게 영향력을 미친다면 그들이 바로 리더인 것이다.

하지만, 효과적인 리더십은 개인이 처한 상황이나 과거의 경험, 그리고 철학적 관점에 따라 다르게 생각될 수 있다. 예를 들어, "리더십이라는 단어를 들었을 때 가장 먼저 떠오르는 것, 그리고 가장 중요하다고 생각하는 것은 무엇인가?"라는 질문에는 수많은 답이 있다. '성과', '성취', '도전', '통제', '창조', '공정', '자유', '행복', '정직', '윤리', '조화', '협동', '지시', '전문성', '유연성', '신뢰', '책임감', '권력', '지혜' 등 그 어떤 단어도 답이 될 수 있다. 정답은 없다. 다만 리더가 되기를 희망하고, 또 좋은 리더가 되기를 바란다면 적어도 이 질문에 대한 자신의 대답은 무엇인지 곰곰이 생각해 볼 필요가 있다. 자신만의 리더십 키워드와 초석을 아는 것은 훌륭한 리더가 되기 위한 첫 걸음이기 때문이다.

다음으로, "리더십은 조직의 성공에 중요한가"라는 질문을 생각해보자. 아마 많은 사람들이 맞다고 답하겠지만, 사실 이것 역시 정답이 없는 질문이다. '리더십 로맨스'라는 이론이 있다. 이는 '리더 혹은 리더십에 대한 낭만' 정도로 해석할 수 있다. 이 이론은 말 그대로 사람들이 리더나 리더십에 대해서 실제보다 더 낭만적으로, 그리고 더 중요하게 생각하는 현상을 의미한다. 회사가 성공했을 때, 사실 회사를 성공으로 이끈 수많은 요인들과 상황들이 복잡하게 얽혀 있다. 하지만 사람들은 이를 쉽게 CEO의 능력 때문이라고 생각한다. 반대 경우도 마찬가지다. 회사의 실적이 악화되었을 때 사람들은 그 주요 원인을 CEO로 지목하고, 이는 CEO를 경질하거나 교체하는 주요 명분이 되기도 한다. 회사 성과와 이미지로 인해 회사 밖에서는 매우 뛰어난 리더로 보이지만, 내부 구성원들에게는 다르거나 심지어 반대로 인식되는 경우도 리더십 로맨스에 해당된다. 대표적인 사례로 테슬라와 스페이스 X의 CEO인 일론 머스크는 영화 〈아이언맨〉의 토니 스타크와 같은 천재 과학자의 이미지를 가지고 있지만, 내부 직원들에게는 마이크로매니지먼트를 넘어 나노매니지먼트, 즉 직원들을 믿고 맡기기 보다는 그들의 업무에 지나치게 개입하고 세세한 사항까지도 관리하는 것으로 악명 높다.

맨해튼 프로젝트에서 로스앨러모스 연구소를 성공적으로 이끈 리더인 오펜하이머가 없었다면 원자폭탄 개발은 실패했을까? 역시 답하기 쉽지 않다. 사실 로스앨러모스의 성공을 오롯이 오펜하이머의 공으로만 돌리는 것은 무리다. 리더의 역할을 오케스트라의 지휘자로 비유해서 설명하는 경우가 있는데, 그렇다고 "오케스트라의 아름다운 앙상블을 만드는 것은 무엇인가?"에 대한 답으로 '지휘자'가 유일한 순 없다. 물론 지휘자 역할도 중요하지만, 개개인의 연주자가 자신의 악기를 실수없이 연주하고 다른 주자들과 호흡을 맞출 때, 그리고 청중은 알아챌 수 없는 수많은 조건들이 갖추어졌을 때 비로소 모든 악기들의 조화와 아름다운 연주가 만들어지기 때문이다. 이와 마찬가지로 로스앨러모스에서는 리더였던 오펜하이머 이외에도 프로젝트 성공에 필요한 수많은 조건들이 충족되었기 때문에 원자폭탄 개발에 성공했다. 그 조건들을 모두 나열하기는 어렵지만, 대표적으로 나치보다 핵폭탄을 빨리 개발해야 한다는 명확한 목적, 최고의 과학자들로 구성된 각 부서의 인원구성, 부서단위의 명확한 목표, 각 개인이나 부서 간의 상호의존성, 그리고 무엇보다도 거의 무제한의 지원과 자원의 투입 등을 예로 들 수 있다.

그럼에도 불구하고 사람들은 왜 오펜하이머의 리더십에 관심을 가질까? 다시 말하지만, 오펜하이머의 리더십이 효과적일 수 있었던 것은 앞서 말한 여러가지 필요 조건들이 갖추어져 있었기 때문이다. 하지만 전체 프로젝트의 책임자였던 그로브스 장군은 물론이고 로스앨러모스 출신의 과학자들은 오펜하이머가 없었다면 프로젝트가 성공하기 어려웠을 것이라고 한 목소리를 낸다. 여기에서 우리는 오펜하이머가 '타고난 리더'는 아니었다는 점에 주목할 필요가 있다. 로스앨러모스 이전부터 오펜하이머를 알고 지낸 많은 사람들은 그가 연구소 책임자로서 적합하지 않은 인물이라고 평가했다. UC버클리에서 오펜하이머의 학생 중 한 명이기도 했고 후에 로스앨러모스 연구소에도 참여한 로버트 윌슨은 오펜하이머에 대해 "1940년 내가 그를 만났을 때, 그는 정말로 별난 괴짜였다"라고 회고했다. 당시 오펜하이머는 늘 다 닳아빠진 신발을 신고 머리는 치렁치렁한 장발인데다 가끔 특이하고 우스꽝스러운 모자를 쓰고 나타났기 때문이다. 게다가 연구소 초창기에 윌슨은 오펜하이머를 어리석은 이들을 싫어하는 똑똑하면서도 오만한 사람이라고 평가하며 좋아하지 않았다고 한다. 하지만, 불과 몇 달 후, 오펜하이머에 대한 월슨의 평가는 180도 바뀐다. 월슨은 오펜하이머가 로스앨러모스의 총책임자로서 스스로를 뛰어난 리더로 변화시켰다는 것을 깨닫고 이렇게 말했다. "그와 함께 있으면, 나는 내 능력 이상을 발휘할 수 있는 더 큰 사람이 되었습니다. 나는 오펜하이머의 사람이 되었고 그를 진심으로 존경하게 되었습니다" 이 밖에도 오펜하이머의 놀랍고도 성공적인 변화와 그의 리더십을 증언한 사람은 매우 많다. 오펜하이머의 추도식에서 그를 30년 이상 알고 지낸 친구이자 동료였던 한스 베테의 추도사 중 일부를 살펴보면 다음과 같다.

오펜하이머 없이도 로스앨러모스는 성공했을지도 모릅니다. 하지만 한 가지 확실한 건, 그가 없었다면 우리는 훨씬 더 큰 부담감을 가졌을 것이고, 열정도 부족했을지 모르고, 무엇보다도 그렇게 빨리 프로젝트를 진행하기 어려웠을 것이라는 점입니다. 오펜하이머와 함께 일했던 경험은 연구소에 있던 모두에게 잊을 수 없는 특별한 경험이었습니다. 전쟁 상황 속에서 성취를 거둔 다른 연구소들도 많았습니다. 하지만 저는 로스앨러모스 이외에 다른 연구소들에서는 강한 소속감, 연구소에서 일할 당시에 대한 그리움과 인생을 통틀어 최고의 경험이었다고 생각하는 그 느낌은 결코 받을 수 없었을 것이라 생각합니다. 이건 바로 오펜하이머가 있었기에 가능한 것이었습니다. 그는 리더였습니다. 우리 모두는 그가 말할 때마다, 그가 연구소의 모든 중요한 문제들에 대해 알고 있었고 이미 그의 머릿속에 잘 정리되어 있다는 것을 알았습니다. 하지만, 그는 절대 우리 위에서 군림하려고 하지 않았고, 결코 지시하거나 명령을 내리지 않았습니다. 그는 우리가 가지고 있는 최고의 것들을 끌어냈습니다. 그는 마치 집주인이 손님들에게 최선의 대접을 해 주는 것처럼, 우리 모두에게 최고의 것들을 가져다주었습니다. 게다가 그는 자신의 일을 정말 잘해냈기 때문에 우리 모두는 우리가 할 수 있는 한 최선을 다하려고 노력했습니다.

베테의 발언을 통해 우리는 오펜하이머가 훌륭한 지휘자이자 진정한 리더였다는 것을 알 수 있다. 지휘자로서 오펜하이머가 로스앨러모스 연구소라는 오케스트라의 아름다운 앙상블을 만들어낸 유일한 조건은 아니지만, 그가 없이는 결코 그 멋진 앙상블과 성공적인 결과는 기대할 수 없었을 것이다. 그리고 무엇보다도 그는 엄청난 노력과 철저함을 통해 의도적으로 완벽한 리더의 모습으로 변했다.

앞선 질문들과 다르게, "리더십은 타고나는가 아니면 학습되는가?"라는 질문에 대한 답은 확실하다. 리더십은 타고날 수도 있지만 학습할 수도 있다는 것은 이미 수많은 리더십 학자들에 의해 증명되었다. 로스앨러모스 이전과 이후의 그에 대한 상반된 평가에서 볼 수 있듯이, 오펜하이머의 리더십 역시 강한 의지와 노력을 통해 학습된 것이다.

KEYWORDS

몰입　구성원참여　참여경영

17장

그는 우리가
중요한 일을 하고 있다고
믿게 만들었다

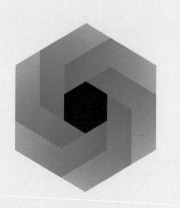

chapter. 17

코로나 19 팬데믹은 전세계 고용시장에 큰 영향을 미쳤다. '대거 자발적 퇴직'이라고도 불리는 '대퇴사'는 코로나19 범유행의 여파로 2021년 초부터 노동자들의 자발적인 퇴사율이 급격하게 늘어난 것을 의미한다. 한편 대퇴사에 대한 근본적 이유에 대한 분석과 해결방안들에 대한 논의가 채 영글기도 전에, 2022년 말 부터는 '대해고'의 시대로 넘어왔다는 기사들이 속속 등장했다. 미국 빅테크 기업들의 대량 해고로 시작된 미국 대기업들의 고용규모 축소와 동결 상황이 대퇴사라는 노동자가 주도한 고용시장 트렌드를 덮어버릴 정도로 두드러지고 있다는 것이다. 고용시장의 절대 강자로 군림하던 미국 대기업들과는 전혀 어울리지 않던 '구조조정', '대량해고' 등의 부정적 시그널들은, 우리 경제의 성장세 둔화와 불확실한 고용시장 전망과 더불어 우리나라의 많은 직장인들의 불안감을 고조시켰다. 자신이 직접 대퇴사와 대해고의 상황에 맞닿아 있는지 여부와는 상관없이 조직구성원들은 지금까지는 경험하지 못한 불안한 환경에 처하게 된 것이다.

주목할 만한 또 다른 트렌드 중 하나는 '조용한 퇴직'이다. 갤럽에 따르면 조용한 퇴직은 직원들이 주어진 일, 즉 직무기술서에 기술된 업무 이상의 것은 수행하지 않는 것이다. 실제 퇴직은 하지 않고 직장에서 그럭저럭 일하며 버티는 것이다. 오늘날 대부분의 직무는 동료들과 협력하고 고객의 요구를 충족시키기 위해 어느 정도 추가적 노력을 필요로 하기 때문에 조용한 퇴직은 조직성과에 안 좋은 영향을 미친다. 갤럽은 2022년에 57,000여 명의 미국 직장인들을 대상으로 실시한 설문조사를 토대로 더 충격적인 결과를 발표했는데, 바로 직장인들의 절반 정도가 조용한 퇴직자라는 것이다. 그 근거로 몰입도가 높은 직원들은 점차 줄어들고 있는 반면, 몰입도가 심각하게 낮은 직원들의 비율은 불과 2년 사이 14%에서 18%로 급격하게 증가하고 있다는 사실을 들었다. 사실 조용한 퇴직이 틱톡을 통해 전파되었기 때문에 마치 젊은 세대의 전유물인 것처럼 포장되긴 했으나, 그 기본적인 개념은 경영학의 조직행동분야에서 오랫동안 연구되어 왔던 종업원 철회 행동 중 하나로 근무태만 등과 동일선상에 있다고 볼 수 있다. 그리고 그 종업원 철회 행동의 주요 전제조건 중 하나로 지목되어 온 것이 바로 몰입이다. 과거보다 더 많은 직원들의 저몰입 기조가 조용한 퇴직이라는 신조어를 유행시켰다고 볼 수 있다.

우리나라 경제상황에 대한 부정적인 예측과 고용시장의 악화 가능성, 그리고 미국에서 들려오는 '대해고 시대'라는 무시무시한 신조어 역시 직원들의 몰입을 낮추는 원인으로 작용한다. 게다가 고용과 해고를 용이하게 만든다는 취지의 노동시장 유연화 정책들은 이미 회사에 속해 있는 직장인들에게 평생직장은 이미 옛말이라는 것을 실감하게 만들었다. 낮아진 고용안정성으로 인해 회사에 충성을 다하는 개인보다는 퇴사와 해고의 가능성을 염두에 둔 개인이 더 많아질 수밖에 없는 상황이다.

이런 이유로 대퇴사, 조용한 퇴직, 대해고가 혼재하는 요즘의 상황을 '저몰입의 시대'라고 정의할 수 있다. 자발적으로 퇴사를 하는 이유도, 퇴사 대신 조용한 퇴직을 선택하는 이유도, 그리고 팬데믹과 경기침체 등 환경변화에 따른 해고의 증가도 모두 조직구성원의 낮아진 몰입 내지 몰입이 낮아질 수밖에 없는 상황으로 설명이 가능하기 때문이다. 다시 말해, 조직구성원 개인이 조직에 높은 수준으로 몰입하기 어려운 동시에, 조직도 개인에게 높은 몰입수준을 강요할 수 없는 상황에 오늘날 조직과 개인 모두가 직면했다.

몰입에 대한 수많은 연구와 보고서들이 있다. 직원몰입 혹은 조직몰입은 그만큼 중요한 주제이고 조직의 성과와 긴밀한 연관성을 가지고 있기 때문이다. 일하고 싶어하는 몰입도가 높은 직원들이 많다면 그들의 강한 동기부여와 성실함을 통해 결국 높은 조직성과까지 기대할 수 있다는 연구와 기사들을 쉽게 찾아볼 수 있다. 직원들의 몰입도를 높일 수 있는 여러가지 해결방안들 역시 다양한 소스를 통해 얻을 수 있다. 그러나 앞서 설명한 낮은 몰입이 발생할 수밖에 없는 상황과 이유를 이해한다면 오늘날 직원들에게 높은 수준의 몰입을 요구하고 그 수준을 유지시키는 것이 얼마나 어려운 일인지 알 수 있다. 무엇보다도 조직이 더 이상 구성원들에게 몰입과 충성심을 무작정 강요하거나 기대할 수만은 없다는 사실을 먼저 인정해야 한다.

예를 들어, 성공한 많은 창업자나 CEO들은 자신의 신념이나 가치관을 기업의 비전이나 핵심가치, 혹은 인재상 등에 녹여서 직원들에게 전파하고 함께 동참할 것을 요구하곤 한다. 자신이 오너 혹은 수장으로서 주인의식을 가지고 있기 때문에, 함께 일하는 직원들도 주인의식과 책임감을 가지고 일할 것을 요구하는 것이다. 하지만 주인의식의 경우, 경영자들이 성공가도를 달렸던 그 당시, 즉 직원들의 평생고용을 보장해 줄 수 있고 파격적인 보상이 가능했던 고도성장기에만 요구가 가능했던 과거의 유산일 가능성이 높다.

지난 2023년 초 대한상공회의소에서 발표한 〈100대 기업 인재상 보고서〉에 따르면 '책임의식'을 가진 인재를 원하는 기업이 많아졌다고 한다. '1위: 책임의식(67개사)', '2위: 도전정신(66개사)', '3위: 소통·협력(64개사)'의 순서로 인재상 순위가 매겨졌다. 해당 보고서는 5년 전에 비해 '전문성'은 2위에서 6위로 떨어진 반면, '책임의식'은 5위에서 1위로 올랐다는 점을 강조하면서 기업들이 젊은 세대인 소위 MZ세대의 요구에 맞는 변화 노력을 하는 한편, 그들에게도 이에 맞는 책임의식을 요구하고 있다고 분석했다. 이를 통해 많은 기업들은 직원들이 높은 조직몰입과 책임감을 갖기 어려운 현실을 인정하고 있다는 것을 확인 가능하나, 여전히 직원들에게 주인의식과 책임의식을 기대하고 또 요구하고 있는 현실 역시 알 수 있다.

하지만 우리는 직원들의 몰입을 높일 수 있는 방법을 고민해 봐야만 한다. 몰입에 관한 많은 연구들은 공통적으로 '구성원 참여' 혹은 '참여적 경영'이 직원들의 몰입을 높이고 궁극적으로 조직에 성과를 가져올 수 있다고 이야기한다. 회사의 주요 의사결정에 직원들이 직접적으로 참여할 수 있는 기회를 준다면, 직원들은 회사가 자신들을 중요시한다는 것을 알게 되고, 이는 그들의 회사에 대한 몰입으로 연결된다는 것이다. 여기에는 조직 구성원들에게 권한을 위임하거나 그들의 목소리를 적극적으로 듣고 함께 이야기를 나누는 양방향 의사소통 역시 포함된다.

오펜하이머가 로스앨러모스 연구소장으로 일하는 동안 가장 잘한 일 중 하나는, 연구소에서 일하는 사람들 사이에 참여의식을 고취시켜 모두가 프로젝트에 적극 몰입하게 만들었다는 것이다. 예를 들어, 오펜하이머는 연구원들이 수행하고 있는 하나하나의 개별 작업이 전체 프로젝트에 얼마나 중요한지에 대해서 자주 언급했다. 심지어 오펜하이머는 연구소에서 청소를 담당하는 사람들까지도 맨해튼 프로젝트에 기여할 수 있을 것이라고 믿었다. 당시 비교적 젊은 물리학자였던 레이머 슈라이버는 오펜하이머가 모두에게 긴박감을 주는 동시에 우리가 하고 있는 일이 정말 중요하다고 느끼게 만들었다고 기억했다.

이렇게 오펜하이머가 모든 사람들의 참여를 강조하고 독려했다는 것은 확실하지만, 그 참여가 몰입과 성과로 이어지도록 만든 것은 그가 만든 연구소의 조직구조와 운영방식에서 비롯되었다고 해도 과언이 아니다. 오펜하이머는 정보의 개방과 공유가 가능한 연구소를 만들기 위해 한 노력들은 다음과 같다.

처음부터 오펜하이머는 로스앨러모스에서 일하는 모든 과학자들이 그 프로젝트에 온전히 참여하기 위해서는 자신들이 무엇을 만들고 있는지 정확하게 이해해야 한다고 믿고 또 주장했다. 초창기에 프로젝트를 관통하는 가장 중요한 운영정책은 '구획화'였다. 서로 다른 일을 하고 있는 과학자들은 보안유지를 위해 업무적으로 또 물리적으로 완전히 분리되었다.

오펜하이머는 그로브스가 정한 구획화 정책에 동의하지 않고 반대입장을 정확히 표현했다. 모든 과학자들의 프로젝트 내용과 현재 상태에 대한 완전한 정보를 얻어야 하고, 나아가서 서로 다른 일을 하고 있더라도 전체 프로젝트에 대해 함께 이야기를 나누어야 한다고 주장했다. 이로 인해 그로브스와 오펜하이머는 갈등을 빚었지만, 결국 오펜하이머의 뜻에 따랐다.

정보의 개방과 모두의 참여에 대한 오펜하이머의 강한 의지는 자유 토론회에서도 찾아볼 수 있다. 1943년 4월, 연구소가 프로젝트를 본격적으로 진행하기 위한 준비를 하고 있을 때, 과학자들 사이에 자유 토론회를 포함한 몇 차례 강의가 열렸다. 로스앨러모스의 모든 과학자들이 참석한 이 강의들은 원자폭탄 제조라는 프로젝트의 확실한 목적을 포함해서 관련 과학 분야의 이론과 실험에 대한 현황을 함께 이야기하는 자리였다. 비록 정식 명칭은 '소개 강의'였지만 실제로는 현재 가지고 있거나 예상 가능한 모든 문제들에 대한 심도 있는 열린 토론의 장이었다고 한다. 이러한 연구소 초창기의 토론모임들은 프로젝트 전체 기간 동안 연구소 안에서 자유롭게 정보가 교환되고, 또 자유로운 토론 분위기를 만드는 데도 큰 도움이 되었다.

조직구조 측면에서, 오펜하이머는 자신을 포함한 각 부서장들, 행정담당자들, 그리고 기타 중책을 맡고 있는 사람들로 이사회를 구성한 후, 주간 회의를 통해 부서의 업무를 조정하고 현황을 공유했다. 이 밖에도 각 부서 산하의 그룹을 맡고 있는 그룹장 이상의 사람들(총 50명)이 모두 참석하는 조정협의회를 별도로 조직해서, 매주마다 중요한 기술적인 문제들과 정보를 공유하고 이야기를 나누도록 지원했다.

이론물리학 부서장이었던 한스 베테는 정보의 공유, 특히 매주 공개적으로 열린 자유 토론회를 통해 연구소의 모든 사람들이 자신이 전체조직의 일부라고 느낄 수 있었고, 스스로가 프로젝트의 성공에 기여해야만 한다고 느꼈다고 회고했다.

이러한 정보의 공유는 연구소 모두의 참여와 몰입에 영향을 미쳤고 실제로 프로젝트 결과에도 직접적인 영향을 미치게 된다. 원자폭탄의 기본 설계에 있어 격발 형식을 총구방식으로 할지, 내파방식으로 할지에 대한 논쟁은 앞서 설명한 자유 토론 형식의 소개 강의에서 벌어진 일이다. 참고로 총구방식은 한 조각의 핵분열 물질을 목표물인 다른 핵분열 물질에 발사해서 그 둘이 충돌하면서 핵폭발을 일으키는 방식이고, 내파방식은 한 덩어리의 핵분열 물질 주변에 다른 폭발물들을 동시에 터뜨려서 그 압력으로 인해 핵폭발이 일어나는 방식이다.

오펜하이머는 처음에는 총구식 설계가 효과적일 것이라고 판단했지만, 토론을 통해 세스 네더마이어의 문제 제기를 듣고 생각을 바꿨다. 결국, 트리니티 핵실험에서 사용된 인류 최초의 원자폭탄은 내파방식으로 설계되었다.*

오펜하이머가 제안한 자유 토론이 없었다면 현재까지도 플루토늄 원자폭탄의 기본 형태로 사용되는 내파형 폭탄은 개발되지 못했을 수도 있고, 트리니티 실험을 비롯해서 원자폭탄의 개발은 지연되거나 실패했을지도 모른다. 소개 강의를 통한 정보 공유가 없었다면 네더마이어가 새로운 아이디어를 생각할 기회도 없었을 것이다. 게다가 토론에 참여할 기회가 없었다면 제안을 하는 것 자체가 불가능했을 것이다. 오펜하이머가 만들고 독려한 참여의 분위기가 네더마이어의 몰입을 이끌어 내고, 이는 프로젝트의 성공으로 연결되었다.

사실, 오펜하이머가 활용한 정보 공유와 자유 토론 등은 당시 연구소 구성원의 대부분을 차지했던 과학자들이라면 누구나 가지고

---

* 내파방식의 기본 원리는 간단해 보이지만, 매우 정밀한 기술을 요구했다. 예를 들어 핵폭탄 주위의 폭발물들은 모두 동시에 폭발되어야만 하고, 중심에 위치한 핵분열 물질을 변형시키지 않으면서 폭발로 인한 압력이 전달되기 위해서는 완벽한 구형 대칭성을 가지고 있어야만 한다.

있었을 지적 욕구를 적극 활용한, 다시 말해 구성원 관점을 철저하게 고려한 접근방법이었다. 여기에서 우리는 몰입의 주체가 되는 구성원들의 특성을 잘 파악하는 것이 중요하다는 것을 다시 한번 확인할 수 있다. 머지않아 조직구성원의 대부분을 차지하게 될 MZ세대를 비롯한 직원들이 처한 상황을 이해하는 노력이 우선적으로 필요하다.

이런 이유로, 저몰입 시대의 리더들은 더 이상 직원들에게 주인의식이나 몰입을 무작정 강요하거나 기대하기 어렵다는 사실을 인정하고, 회사가 먼저 직원들의 참여를 이끌어 낼 수 있는 다양한 방법을 고민하고 실천해야 한다. 다시 말해, 직원들에게 책임감이나 몰입을 요구하기 이전에 회사와 경영진들이 먼저 직원들의 요구에 맞는 수평적 조직, 공정한 보상, 불합리한 관행 제거 등의 다양한 노력을 보여주어야 한다. 그 후에 그 노력에 상응한 만큼의 책임감과

로버트 서버가 그린 내파방식 스케치(왼쪽)와
내파방식으로 설계되어 트리니티 실험에 사용된 원자폭탄 '가젯 Gadget' (오른쪽)

몰입을 요구할 수 있다. 그리고 그 대상은 MZ세대 뿐 아니라 모든 부하직원들이 되어야 한다. 마치 MZ세대만의 특별한 요구사항인 듯 포장된 수평적인 리더십과 커뮤니케이션, 민주적인 의사결정, 보상의 공정성, 자아실현의 기회 등을 마다할 직원은 아무도 없다. 이러한 방법들은 직원들이 원하는 것이기 이전에, 직원들의 참여와 몰입을 이끌어 낼 수 있는 좋은 수단이라는 것을 리더들은 명심해야만 한다.

KEYWORDS

열린마음 개방성 투명성

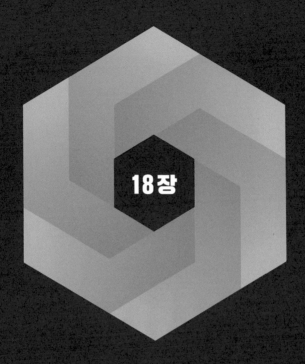

18장

비밀주의는
위험하다

chapter. 18

열린 사회, 지식에 대한 제한 없는 접근, 자기 개발을 위한 제한 없
는 연대. 이런 가치들을 지키지 않으면 우리는 점점 더 커지고 복잡
해지고 급변하고, 전문화되는 사회 속에서 인류공동체를 유지하기
어렵다.

―오펜하이머

오펜하이머는 자신의 원자력에너지위원회의 기밀 취급 갱신이
취소되는 수모를 겪었던 1954년의 보안청문회가 끝난 지 대략 1년
후에, 자신의 강연 내용들과 자신의 생각을 담은《열린 마음》이라
는 제목의 책을 출간했다.

이 책은 핵무기, 과학, 그리고 전쟁 후의 사회와 문화에 대한 내
용들을 담고 있다. 무엇보다 현대사회에서 과학의 역할에 대한 오펜

하이머의 사상과 진지한 의견을 담고 있다. 이 책의 제목처럼 그는 열린 사회를 위해서는 열린 마음이 필요하며 비밀주의는 최소화되어야 한다고 강력하게 주장했다.

오펜하이머는 자신이 개발한 핵폭탄으로 히로시마를 폭격하기로 한 결정에 동의한 것은 맞지만, 전쟁이 끝난 후 더 이상 핵무기가 개발되고 확산되는 것에 대해서는 확실히 반대 입장을 취했다. 제2차 세계대전이 끝난 후 그는 '핵폭탄의 아버지'라는 엄청난 명성을 가진 과학 행정가로서 정치가들 및 행정 수반들과 긴밀한 관계를 유지하면서도, 소련과의 핵개발 경쟁을 비롯한 핵확산의 위협에 대해 크게 두 가지 입장을 가지고 있었다. 첫째, 핵무기 개발이라는 과학적 지식과 기술의 활용은 비밀을 유지할 수 없기 때문에, 즉 마음만 먹으면 어떤 국가든 핵무기를 개발하고 보유할 수 있으므로 소련을 비롯한 국제사회에 먼저 이와 관련된 정보를 가감 없이 공유해야 한다. 둘째, 이러한 개방과 공유를 기반으로 한 통제권을 이용해서 핵확산 금지와 군비 축소에 대해 협상할 필요가 있다는 것이 주장의 핵심이었다. 오펜하이머는 제2차 세계대전을 종결한 핵폭탄의 위협이 결국 자신들에게 돌아와, 전 세계 모두를 강력하게 위협하는 핵 경쟁과 핵이 확산되는 상황을 두려워 했던 것이다. 이는 영화 〈오펜하이머〉의 마지막 장면으로 사용된 구름 위로 발사된 수많은 핵무기들로 표현되는 핵전쟁과, 이로 인해 지구가 멸망해 버릴지도 모른다는 그의 절망 가득 찬 표정과 서로 교차되면서 잘 묘사되어 있다.

이런 그의 주장은 기존의 핵폭탄보다 더 살상력이 큰 수소폭탄을 개발해야 한다고 주장하던 에드워드 텔러를 비롯한 급진주의 과학자들, 그리고 소련을 필두로 공산주의가 확산되는 것을 두려워하던 해리 트루먼 대통령과 정치가들에 의해 저지되었다. 오펜하이머와 반대 입장에 서 있던 이들은 두려움과 적대감의 대상이었던 소련을 절대 믿을 수 없는 상대로만 생각했고, 미국보다 뒤쳐져 있는 소련의 과학기술 수준으로는 핵무기를 만들 수 없거나 오랜 시간이 걸릴 것이라고 판단했다. 하지만 소련은 그들의 예상을 깨고, 1949년 8월에 최초의 핵폭탄 실험에 성공했으며, 1953년 8월에는 수소폭탄의 개발과 실험에까지 성공한다. 미국이 수소폭탄 실험에 성공한 지 불과 9개월이 지난 시점이었다.

이러한 일들이 벌어진 직후, 오펜하이머는 당시 원자력에너지위원회 의장 루이스 스트로스를 포함한 정부 관료들의 미움을 사 결국 1954년의 보안 청문회를 통해 기밀 취급 인가를 받지 못하는 수모와 시련을 겪는다. 당시 미국이 채택한 핵무기 정보에 대한 비밀주의는 미국과 소련을 비롯한 국제사회의 원칙이 되었고, 소련과 미국은 경쟁적으로 핵무기 보유대수를 늘려 가며 천문학적 규모의 군비가 투입되는 핵 경쟁체제에 돌입한다. 이는 냉전으로 이어진다.

오펜하이머가 주장했던 열린 마음과 열린 사회, 즉 반비밀주의가 더 나은 접근법이었기 때문에, 만약 미 행정부가 오펜하이머의 의견을 따랐다면 더 나은 역사적 시나리오가 펼쳐졌을 것이라 단언하기에는 무리다. 하지만 여러 역사학자들이나 정치사회학자들이 지적한 대로, 당시 트루먼 행정부의 핵 독점을 위한 비밀주의는 자발적으로 소련에게 핵무기 관련 정보를 제공했던 스파이들과 소련의 즉각적인 핵실험 등으로 인해 그다지 큰 효과는 없었다고 보는 것이 맞다.

남들과 마찬가지로 오펜하이머 역시 미래를 알 수는 없는 사람이었지만, 적어도 그는 '개방성'을 추구하는 것이 무슨 일이 있어도 비밀은 지켜진다고 믿는 헛된 시도보다는 덜 위험하다는 것을 알고 있었던 것 같다. 우리 자신들도 과거의 경험들을 통해 비밀을 지키는 것이 얼마나 어려운 일이고, 시간이 지나거나 상황에 따라서 비밀로 취급된 것들 중 생각보다 많은 것들이 세상에 밝혀진다는 것은 이미 알고 있다.

그러나 우리는 오펜하이머의 비밀주의에 대한 두려움과 경고가 실현된 세상에 살고 있는 것 같다. 나만의 비밀이 있거나, 나만 알고 있는 정보가 있다면 그 비밀스러운 정보를 무기로 삼아 자신에게 유리하거나 더 나은 상황을 이끌어 낼 수 있을 것이라고 믿는 경우를 종종 본다.

이런 상황은 리더와 부하 사이의 관계에서도 쉽게 발견할 수 있다. 관리자나 리더가 얻은 정보가 전체구성원들에게 필요함에도 불구하고 혼자만 알고 있거나, 자신의 위치로 인해 얻은 뉴스나 정보를 부하직원들과 공유할 책임이 있음에도 불구하고 이를 비밀스럽게 처리하거나 또 남들과 상의 없이 독단적인 의사결정을 내리는 경우 등이 이에 해당한다.

비밀주의의 또 다른 반대말인 투명성은 정보나 의사결정 혹은 그 이유 등에 대한 명확한 전달을 의미한다. 따라서 투명성이 높은 조직에서는 조직구성원들이 위계나 직무와는 상관 없이, 자신에게 영향을 미치는 관련 정보나 조직 전체 정보들에 접근할 수 있게 된다. 그들은 조직의 목표와 주요 의사결정이 내려진 이유와 과정을 더 잘 이해할 수 있고, 이는 결국 조직의 성과와 연결된 개개인의 성과를 높이는 결과를 가져오기도 한다.

물론 리더들은 조직의 관리자이기 때문에 때로는 비밀스러운 정보를 다루는 것이 필요한 경우도 있다. 하지만 문제는 반드시 비밀로 취급하거나 비밀로 처리해야 하는 문제가 아닌 경우에도 이를 투명하지 않게 처리하는 데 있다.

무엇보다도 리더의 투명성은 리더와 부하직원들 사이 상호 신뢰의 기본이 된다. 리더가 아는 것을 부하직원들과 투명하게 공유할 때 부하직원들에게도 투명한 정보나 솔직한 의견을 기대할 수 있고, 이는 서로에 대한 믿음으로 이어져 더 활발한 의사소통과 더 나은 협력으로 이어질 수 있다. 효과적인 협력이 더 나은 성과로 이어지는 것은 당연한 일이다.

리더의 열린 마음, 즉 리더가 가진 개방성과 투명성은 높은 수용성, 다시 말해 무엇이든 받아들일 수 있는 자세를 의미하기도 한다. 리더 자신이 알고 있는 것들을 부하직원들과 공유한다는 것은 자신의 현재 수준이나 상황, 그리고 부족함을 인정하는 것이기도 하기 때문에 부하직원들이 더 잘하는 것들을 받아들이고 또 배울 준비가 되어 있는 것이다. 따라서 개방성이 높은 리더들은 부하직원들에게 오만하지 않은 겸손한 사람으로 인식된다. 이런 리더들은 부하직원들이 리더를 위해서 일하는 느낌을 주지 않고, 같은 동료로서 함께 일하고 있다는 느낌을 줄 것이다.

개방성과 투명성이 높은 '열린 마음'을 가진 리더들은 다음과 같은 특징들을 가지고 있습니다. 아래 각 특징을 잘 읽고, 해당 내용이 현재 여러분에게도 해당되는지를 '예', '아니오'로 답해 보십시오.

1. 개인이나 조직의 목적을 달성하기 위해, 새롭거나 더 나은 방식에 대해 언제든지 받아들이고 또 배울 자세가 되어있다.

2. 다른 사람들이 새롭거나 더 나은 방식을 제안했을 때 새로운 방식의 문제나 단점보다는 장점을 보려고 노력한다.

3. 주변의 모든 사람들이 조직과 관련된 최신의 중요한 정보를 알 수 있도록, 정보를 정확하고 시의적절하게 전달한다.

4. 자신뿐 아니라 다른 사람들 역시도 자신이 알고 있는 정보를 서로 공유할 수 있도록 독려한다.

5. 회의 시에 누구나 쉽게 자신의 의견을 표현하는 분위기를 만들어서, 다른 사람들 특히 부하직원들이 아이디어와 의견을 어렵지 않게 표현할 수 있도록 만든다.

6. 다른 사람들과 대화할 때, 예/아니오로만 답할 수 있는 단답형 질문이 아닌 그들의 의견을 묻는 개방형 질문을 주로 사용한다.

7. 다른 사람과 대화할 때, 주의 깊게 듣고 상대의 감정과 고민에 공감하려고 노력한다.

8. 다른 사람이 말을 할 때 중간에 끊거나 방해하지 않음으로써, 자신이 대화 상대를 존중하고 있다는 느낌이 들게 만든다.

9. 다른 사람들, 특히 부하직원들과 상호 신뢰를 쌓기 위해 그들의 노력에 대해

가능하면 긍정적인 격려와 피드백을 주려고 노력한다.

10. 자신이나 조직이 직면하고 있는 어려운 문제가 있을 때, 이를 다른 사람들과
솔직하게 공유하고 그들의 의견이나 피드백을 구한다.

결과해석 :

1. 만약 '예'라고 대답한 항목의 개수가 6개 이상이라면, 당신은 이미 '열린 마음'을 가진 리더입니다.

2. 만약 '예'라고 대답한 항목의 개수가 3개에서 5개 사이라면, 당신은 훈련을 통해 충분히 '열린 마음'을 가진 리더가 될 수 있습니다. '아니오'라고 대답한 항목들을 다시 한번 읽어보시고 해당 내용을 실천해 보시기 바랍니다.

3. 만약 '예'라고 대답한 항목의 개수가 2개 이하라면, 당신은 아직 비밀주의를 더 중요시하는 리더일 가능성이 높습니다. 위의 항목들을 다시 한번 하나씩 꼼꼼히 살펴보시고, 해당 내용들을 실천해 보려고 노력하시기 바랍니다.

KEYWORDS

리더십듀오　공동의 리더십

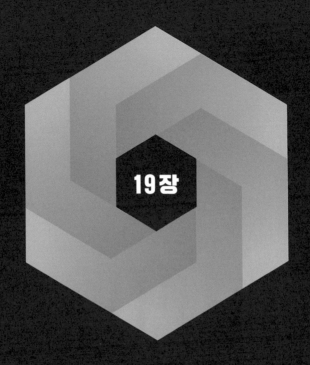

19장

그와 그로브스의
하모니

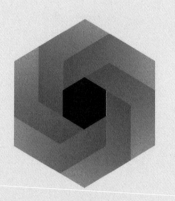

chapter. 19

창의성과 혁신은 오늘날 모든 조직이 풀어야만 하는 숙제다. 경쟁의 심화 속에서 중소기업에서 대기업에 이르기까지 창의적인 아이디어나 혁신적인 조직을 만들 수 없다면 생존은 물론이고 지속적인 성장을 기대하기 어렵다. 그 중요성으로 인해 많은 경영학자들은 보다 창의적이고 혁신적인 조직을 만들기 위한 여러가지 방법들을 연구해 왔다.

그중 주목해야 할 것은 혁신적인 조직을 잘 관리하기 위해서는 서로 모순되거나 역설적으로 보이는 활동이나 원칙들이 공존해야 한다는 사실이다. 예를 들어, 혁신적인 조직이 되겠다는 확실한 목표를 달성하기 위해, 혁신과 관련된 비전과 미션을 마련하고 다시 이와 연계된 세부 전략들을 통해 상세한 가이드라인을 제공해야 한다. 하지만, 한편으로는 기존에 없던 새로운 것을 만들어 내기 위해서는 자율성과 모호성 역시 보장해 줄 필요도 있다. 얼핏 보면 상반되는 이 두 원칙이 더 혁신적인 조직을 만들 수 있게 돕는 것이다.

물론 이 방법이 혁신적인 조직을 만드는 유일한 것은 아니지만, 창의적 작업과 혁신적 조직의 가장 큰 특징 중 하나는 이질적인 것들의 공존이다. 이는 마치 변화를 가장 확실하게 알아채기 위해서는 변화가 없는 규칙적인 상황에 있어야 한다는 것과 일맥상통한다. 계절의 변화를 가장 쉽게 알아차리기 위해서는 같은 시간과 같은 장소에서 같은 나무를 관찰하는 것이 가장 효과적이듯 말이다.

그렇다면 혁신적인 조직을 만들기 위한 효과적인 리더십은 무엇일까? 이에 대한 답은 여러가지가 있다. 하지만 위에서 언급한 혁신적인 조직의 특징을 고려했을 때, '리더십 듀오', 즉 두 명의 리더가 함께 조직을 이끄는 공동의 리더십이 바람직한 해결방안이 될 수 있다. 창의적이고 혁신적인 조직을 만들기 위해서는 역설적인 활동들을 비롯한 광범위한 일들의 관리가 필요하다. 이 어려운 미션을 한 명의 리더에게 맡기기보다 두 명의 리더가 각각의 성격과 능력에 따라 이질적인 활동들을 따로 또 같이 추진한다면 효율성과 효과 두 마리 토끼를 잡을 수 있을 것이다. 게다가, 두 명의 리더가 협력을 통해 서로 효과적으로 의사소통한다면 그 둘 사이에서 샘솟는 새롭고 혁신적인 아이디어를 기대할 수도 있다.

이렇게 공동의 리더십은 한 명의 리더가 아닌 두 명 이상의 리더가 조직이나 프로젝트에서 함께 영향력을 행사하고 의사결정을 내리는 것을 의미한다. 생각보다 많은 기업들이 이런 공동대표 체제나 공동의 리더십 구조를 가지고 있다. 우리나라에서는 엔씨소프트가 2023년 12월부터 공동대표 체제에 들어갔고, 해외에서는 넷플릭스, 오라클, SAP를 비롯한 다양한 기업들이 현재 공동 CEO 체제를 가지고 있거나 적용해 왔다. 전세계에서 가장 혁신적인 기업이라고 평가받는 애플 역시 초창기에 스티브 잡스와 스티브 워즈니악이 함께 창업하고 운영했다. 워즈니악은 초창기 애플 컴퓨터 제품들을 직접 디자인하고 만들었으며, 잡스는 마케팅과 판매, 그리고 경영을 도맡았다. 스티브 잡스가 건강 문제로 경영일선에서 점차 손을 뗄 수밖에 없었을 때, 그는 현재 애플의 CEO인 팀 쿡을 가장 가까운 파트너로 삼아 함께 일하고 함께 의사결정을 내렸다. 잡스는 "나는 내가 원하는 것이 무엇인지 알고 있고, 팀도 똑같은 것을 원하는 것을 알고 있습니다"라고 이야기했다. 그 둘의 성격과 일하는 방식은 거의 정반대였지만, 그들 사이엔 끈끈한 협력과 상호존중이 존재했다고 알려져 있다.

제2차 세계대전을 사실상 종식시킨 최초의 원자폭탄 개발의 암호명이었던 맨해튼 프로젝트는 프로젝트의 총책임자였던 레슬리 그로브스 장군과 로스앨러모스 연구소의 책임자였던 로버트 오펜하이머, 이 두 명의 리더십 듀오가 원자폭탄 개발을 성공으로 이끌었다. 군인으로 프로젝트 전체를 진두지휘한 그로브스가 왜 오펜하이머를 로스앨러모스의 총책임자로 추천했는지 의견은 분분하다. 당시 오펜하이머는 노벨상을 받은 물리학자도 아니었고, 대규모 연구소 조직을 이끈 행정경험도 전무했기 때문이다. 이런 이유로 일각에서는 오펜하이머의 과거 공산당 관련 행적을 빌미로 그를 통제하기 쉬울 것이라고 생각해서 뽑았다는 이야기도 있다. 하지만 여러가지 자료들을 종합해 봤을 때, 그로브스는 오펜하이머가 가진 큰 열정에 주목했고 인간적으로 오펜하이머를 좋아했으며, 무엇보다도 오펜하이머야말로 프로젝트를 성공시킬 수 있는 사람이라고 굳게 믿었기 때문이란 것을 알 수 있다. 오펜하이머의 친구였던 이지도어 라비는 "오펜하이머가 로스앨러모스의 총책임자로 임명된 것은 그로브스 장군의 천재성이 보이는 결정이었습니다"라고 회고했으며, 그로브스 역시 히로시마 원폭 투하 후, 오펜하이머에게 전화를 걸어 "당신을 로스앨러모스 총책임자로 뽑은 것이 내가 한 일 중 가장 잘 한 일이라고 생각합니다"라고 전했다고 한다.

그 둘은 상호보완적인 완벽한 콤비였다. 많은 사람들이 그 두 사람에게 서로가 없었다면 맨해튼 프로젝트가 성공을 거두기 어려웠을 것이라고 이야기한다. 프로젝트 초장기에 연구소 위치를 정하고 규칙을 정할 당시, 그 둘은 수 차례의 열띤 논쟁을 통해 뉴멕시코주 로스앨러모스에 연구소를 건설하기로 함께 결정했다. 연구소 부지가 로스앨러모스로 결정된 주된 이유는 보안과 안전성, 그리고 미국 각지에서 진행되던 맨해튼 프로젝트 주요시설들의 중간에 위치해 있었기 때문이다. 주변의 적은 인구밀도는 보안을 지키기에 용이했으며 넓은 평야로 이루어진 지형으로 지진 등 자연재해 위험도 적었다. 그리고 어린시절부터 뉴멕시코를 좋아하고 또 로스앨러모스 지역을 잘 알고 있던 오펜하이머의 강력한 제안과 설득도 한 몫을

했다.

하지만, 연구소의 운영방식에 있어서 서로의 의견은 매우 달랐다. 군인인 그로브스는 보안 문제를 우선시해서, 과학자들이 자신이 직접 참여하는 세부 프로젝트 이외의 내용은 서로 모르게 만드는 방식, 즉 구획화 정책을 강하게 밀어 부쳤다. 오펜하이머는 이 정책에 크게 반대했고, 과학자들이 전체 프로젝트의 다양한 세부 내용을 서로 이야기하고 관찰한다면 창의성과 성과가 더 높아질 것이라고 주장했다. 결국 그로브스도 오펜하이머를 비롯한 다른 과학자들의 의견을 받아들였고 구획화는 유명무실한 정책이 되었다. 두 리더는 다른 사람, 특히 아랫사람을 대하는 방식도 차이가 있었다고 한다. 오펜하이머가 자신의 카리스마를 바탕으로 상대방을 설득해 합의를 이끌어내는 방식을 선호했다면, 그로브스는 자신이 가진 권위를 통해 주로 강압적으로 지시하는 스타일이었다고 알려져 있다.

이렇게 다른 성격과 의견을 가졌지만, 조화와 협력을 통해 프로젝트를 성공으로 이끈 '공동의 리더십'이 가진 가장 큰 특징은 무엇이었을까? 두 사람 모두 프로젝트의 목표를 그들 관계의 중심에 놓고 무엇보다도 우선시했다. 맨해튼 프로젝트의 시급성과 중요성을 고려했을 때 당연한 것으로만 보일 수 있겠지만, 두 사람이 가진 지위와 성격 차이를 생각해 본다면 이게 마냥 쉽지만은 않았을 것이다. 두 리더는 갈등상황이 있어도 자신의 자존심과 체면을 고수하기보다는 프로젝트 성공을 위해 때론 자신의 고집을 꺾고 상대방 의견에 귀를 기울였다. 둘 중 누가 더 잘났는지, 누가 더 성과가 높은 지는 중요하지 않았다. 두 사람 모두 맨해튼 프로젝트의 성패는 연구소 전체의 역량과 성과에 달려 있고, 이는 개인의 성과보다 당연히 우선되어야 한다는 것을 알고 있었다. 게다가 원자폭탄을 먼저 개발해서 전쟁을 끝내야 한다는 연구소 전체의 목표는 자신은 물론이고 가족과 친구들을 보호해야 한다는 개개인의 목표와 확실히 연계되어 있었다. 때로는 강한 의견충돌을 보였던 그로브스와 오펜하이머 역시 확실한 목표의식을 바탕으로 프로젝트의 성공을 위해 자신의 목소리를 내고 자신이 해야 할 일들을 해냈다.

맨해튼 프로젝트만큼 중요한 목표를 가진 일은 아니더라도, 우리 모두는 개인이나 조직이 정한 목표를 달성하기 위해 일을 한다. 확실한 목표가 있음에도 불구하고, 때로는 타인과의 관계나, 관계에서 오는 감정에 매몰되어 목표를 잃거나 목표에 위배되는 감정적 의사결정을 하기도 한다. 이는 특히 라이벌 관계에서 발생하기 쉽다. 따라서 대규모 혁신을 가져오기에 적합한 두 리더의 공동의 리더십 상황에서는 결국 두 사람의 상호신뢰와 파트너십이 무엇보다 중요하다. 오펜하이머가 과학자들이 장벽 없이 협력할 수 있도록 그로브스를 설득하고, 또 그로브스는 그 설득을 받아들였듯이 파트너십은 더 큰 성과를 낼 수 있게 만든다. 이렇게 리더십 듀오는 상호신뢰와 존중을 바탕으로 한 서로의 건설적인 피드백이 열려 있어야만 혁신을 포함한 더 큰 결실을 맺을 수 있다.

OPPENHEIMER

Part 4

진짜 리더는
숨지 않는다

–

전부 꺼내보였던
오펜하이머

LEADERSHIP

KEYWORDS

집단지성

분권적
리더십

수평적
리더십

공유
리더십

20장

그는
소탈했다

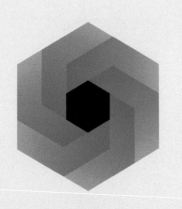

chapter. 20

한 세기도 전인 1907년, 과학 학술지 〈네이처〉에 흥미로운 논문이 하나 발표되었다. '소 무게 맞추기 대회'에 참가한 800여 명이 써낸 소 무게 추정치의 평균값과 실제 소 무게를 비교해보니 놀랍게도 두 값이 거의 같았다는 것이다. 이렇게 다수가 함께 협력해서 더 정확하게 문제를 해결하는 것을 '집단지성'이라고 한다.

우리는 이미 일상 속에서 집단이 가진 힘과 능력을 경험하고 있다. 개인이 혼자서 모든 일을 할 수 없기 때문에 팀과 회사가 존재한다. 회의는 회사생활에서 빼놓을 수 없는 일상이다. 회의를 통해 집단은 서로 정보를 공유하고 의견을 나누고 때로는 함께 의사결정을 내린다. 대부분 상황에서 집단의사결정은 개인의사결정보다 정확성이 높다. 백지장도 맞들면 낫고 두 사람의 지혜가 한 사람의 지혜보다 낫다.

맨해튼 프로젝트는 집단지성을 기대할 수 있는 최고의 보물 창고였다. 일반사람들이 만들어 내는 집단지성도 놀랍지만, 내로라하는 최고의 지성들이 함께 만들어 낸 집단의 힘은 얼마나 대단했을까?

하지만 여기에 한 가지 문제가 있다. 당대 최고의 과학자들이 어떤 사람들이었을지 상상해 보자. 비범하고 특이한 사람들이 많았을 것이다. 로스앨러모스에 오기 전의 오펜하이머 역시 '대단히 괴팍하고 특이한 사람'으로 평가받기도 했다. 게다가, 그가 이끌어야 할 사람들 중에는 그보다 더 대단한 과학자들도 훨씬 많았다. 맨해튼 프로젝트에 참여한 아서 콤프턴, 제임스 채드윅, 엔리코 페르미, 제임스 프랑크, 그리고 오피의 친구 어니스트 로런스 등은 로스앨러모스에 오기 전 이미 노벨물리학상을 받은 사람들이었다. 이런 이유로 노벨상 수상경력이 없고 행정 경험이 전무한 오펜하이머가 로스앨러모스의 총책임자가 되었을 때 과학계의 반대는 물론이고 그의 친구였던 로런스와 라비까지도 의문을 제기했다.

그럼에도 불구하고 그는 뛰어난 과학자 집단의 힘을 모아 맨해튼 프로젝트를 성공시켰다. 그는 어떻게 그들을 결집시키고 또 최고의 성과를 내게 만들었을까?

그 해답에 대한 실마리는 최근 리더십 트랜드 중 하나인 '집단적 리더십' 혹은 '분권화된 리더십' 혹은 '공유 리더십'에서 찾을 수 있다. 세 가지 리더십 스타일의 이름은 각각 다르지만, 조직 전체의 목표를 달성하기 위해 모든 구성원들이 함께 리더십 역할을 공유하고, 모두가 역동적이고 적극적으로 상호작용한다는 의미를 공통으로 가지고 있다. 다시 말해, 의사결정의 기회와 권한이 공식적인 리더뿐만이 아닌 조직 내 모든 사람에게 동등하게 주어져 있다는 것이다. 위계적인 상명하복 스타일과는 완전히 다른 민주적이고 수평적인 방식의 리더십이다.

만약 오펜하이머가 맨해튼 프로젝트 이전에 행정 경험이 풍부한 사람이었다면, 그는 가장 효과적이고 강력한 리더십은 위계에 따른 상명하달식이라고 생각했을지도 모른다. 군인들과 함께 일해야만 하고, 초반에 오피를 비롯한 과학자들에게 군복까지 입혔던 연구소 분위기를 생각해보면 더 그렇다. 하지만, 그가 가지고 있던 부족한 경력과 경험은 오히려 로스앨러모스 연구소에서 집단적인 리더십이 발휘되는 데 도움이 되었다. 여기에 그가 권위의식이 없었다는 점도 크게 작용했다. 여성 물리학자이자 UC버클리에서 오펜하이머의 첫 박사과정 학생이었던 멜바 필립스는 그가 권위적이지 않았고, 학생과 수많은 논의를 통해 다같이 아름다운 아이디어를 만들어내는 분위기를 만들었다고 기억했다.

이렇게 오펜하이머는 로스앨러모스에서 집단적 리더십이 잘 작동되게 만든 민주적이고 수평적인 리더였다. 집단적 리더십이 잘 발휘될 때, 그 조직에는 다음의 표에 나와있는 특성들이 보인다.

표에서 '주요 행동 예시'들을 보면, 집단적 리더십이 발휘되는 상황에서도 여전히 공식적인 리더의 역할이 매우 중요하다는 것을 알 수 있다. 공식적인 리더가 위임, 조정, 코칭, 신뢰 형성 등의 역할을 잘 수행할 때 조직 내에서 리더십 기능이 잘 분산되거나 공유될 수

집단적 리더십의 구성요인, 분류, 예시

구성요인	분류	주요 행동 예시
1. 자율적 의사결정	개인구성원들의 리더십 행동	• 목표를 달성하기 위해 개인이 스스로 결정하고 자신에게 맞는 방식으로 업무를 수행한다. • 공식적인 리더를 통해 개개인의 구성원들에게 의사결정의 자율성과 권한이 부여되어 있다.
2. 강한 주도성		• 공식적인 리더가 아니어도 조직 전체를 위해 적극적으로 아이디어를 제시한다. • 공식적인 리더의 요구에만 수동적으로 반응하는 것이 아니라 능동적으로 업무를 수행한다.
3. 주어진 역할 이상의 행동		• 조직 전체 성과를 위해 주어진 역할과 책임 범위에만 얽매여서 업무를 수행하지 않는다. • 타인의 업무를 자발적으로 도와준다.
4. 수평적 공동 의사결정	개인구성원 사이의 리더십 행동	• 조직의 중요 안건이나 이슈에 대해 개인구성원 모두가 함께 의사결정을 내린다. • 공동 의사결정 시 활발한 커뮤니케이션을 통해 서로의 의견을 민주적으로 수렴한다.
5. 수직적 공동 의사결정	조직 전체의 리더십 행동	• 공식적인 리더가 단독으로 의사결정을 내리지 않는다. • 조직 전체의 이익을 위해 공식적인 리더는 조직 내 합의의 과정을 지원하는 역할을 수행한다.

있고, 결국 더 좋은 성과를 낼 수 있다.

로스앨러모스에서 이론분과 책임자였던 한스 베테는 오펜하이머에 대해 다음과 같은 말을 남겼다 "오펜하이머는 지도자였습니다. 하지만 권세를 부리거나 독재를 하지 않았습니다. 그는 모두가 최선을 다할 수 있는 조건을 만들어 주었습니다." 이런 주변사람들의 고백은 오펜하이머가 집단적 리더십을 로스앨러모스에 자리잡게 만든 수평적인 리더라는 것을 보여주는 강력한 증거이다. 더군다나 집단적 리더십은 여러 사람이 리더십 역할을 같이 수행하면서 그들 사이의 복잡한 관계 속에서 나오는 것이기 때문에, 중간중간 감정적인 갈등이 발생할 가능성 역시 높다. 내파장치개발의 지연으로 인해 텔러와 베테 사이의 갈등이 극에 달했을 때, 오피가 나서서 중재자로서 업무를 조정하고, 텔러가 떠나는 것을 막는 장면에서도 그가 훌륭한 리더였다는 것을 확인할 수 있다.

우리가 함께 일하는 사람들이 베테, 텔러와 같은 천재 과학자들은 아니지만, 그 어떤 누구도 상사나 리더의 일방적인 업무지시나 의사소통을 좋아하지는 않을 것이다. 머지 않아 회사 인원 대부분을 차지하게 될 MZ세대는 더욱 그렇다. 과거 세대에게나 익숙한 위계 기반의 지시적 리더십 스타일을 그들이 좋아할 리 없다.

우리 사회의 높은 불확실성도 리더십이 분산되어야 할 또 다른 이유다. 복잡하고 불확실성이 높은 상황에서는 의사결정 권한이 분산되어 있는 게 유리하다. 빠른 변화에 민첩하게 대응하기 위해서는 리더십과 의사결정이라는 짐이 한 사람이 아닌 여러 사람에게 나뉘어야 한다. 민첩함을 뜻하는 '애자일'이 주요 키워드인 요즘, 조직구조/의사결정/리더십의 분권화를 진지하게 고민해 볼 필요가 있다. 비록 80여 년 전의 사례지만, 오펜하이머가 실현한 집단적인 리더십과 그가 실천한 민주적 리더십은 마치 원자폭탄 개발만큼이나 불확실하고 불안한 현실을 살아가는 우리들에게 어떤 리더십 스타일이 더 효과적인지 생각하게 만든다.

인지된
리더십

상황적
리더십

강강약약

21장

그는 다른 사람들이
무엇을 원하는지 알고,
그것을 해 주었다

chapter. 21

영화 〈오펜하이머〉 중 한 장면(일부 각색)

한스 베테 텔러가 문제야… 내파 계산을 부탁한 지 몇 주째인데 감감 무소식
이야….

에드워드 텔러 난 내 연구로 바빠.

한스 베테 (경멸하는 눈빛으로) 만들지도 않는 수소폭탄 연구 말이지?

에드워드 텔러 (한스에게 경멸하는 눈빛을 보내며) 나는 저 작자랑 같이 일 못
해 (그러고는 회의 도중 회의장을 박차고 나가 버린다)

한스 베테 그래 가, 가라고 해. 도대체가… 너무 기고만장 하잖아

로버트 서버 맞아, 쟤는 로스앨러모스를 떠나야 해

(오펜하이머가 텔러를 말리기 위해 뛰어나간다.)

오펜하이머 아무도 여기를 떠나지 않을꺼야.

에드워드 텔러 난 나갈 거야... 말리지마

오펜하이머 한스도 핵분열도 다 잊고 여기서 하고 싶은 연구 실컷 해. 핵융합, 수소폭탄... 그리고 가끔 나랑 만나서 그것들에 관해 이야기하자. 일주일에 한번 1시간씩 단 둘이 만나자고.

이 세상에는 두 개의 우주가 있다고 한다. 하나는 우리들 중 대부분이 아직 가보지 못한 객관적 실체인 지구 밖의 '진짜 우주'고, 또 다른 하나는 우리가 글이나 사진 등을 통해서 배운, 즉 각자의 뇌로 인식하고 있는 지극히 주관적인 '지각된 우주'다.

지각은 외부 환경에서 오는 정보를 감지하고 해석하는 뇌의 과정을 말한다. 쉽게 말해 사물이나 현상에 대한 개인의 주관적 해석이라고 할 수 있으며, 우리가 보고 듣고 느끼는 모든 경험들은 지각에 의해 이뤄진다. 지각은 우리가 세상을 어떻게 이해하고 외부 자극에 어떤 방식으로 반응할 것인지 영향을 미친다. 예를 들어, 우리는 시각적으로 파란 신호등을 인지한 후 건널목을 건너기 시작하며, 남들과 이야기를 나눌 때 상대방의 말뿐만 아니라 몸짓이나 표정을 인식하고 해석하면서 적절한 방식으로 대화를 이어 나간다.

리더십에 있어서도 지각의 역할은 매우 중요하다. 리더십을 타인에게 영향력을 행사하는 과정이라고 했을 때, 과정의 당사자들로는 영향력을 행사하는 주체인 리더뿐 아니라 그 영향력을 받는 타인, 주로 부하직원들이 있다. 마치 우주가 실체로서의 우주와 지각된 우주로 나뉘는 것처럼 리더십 역시 리더가 영향력을 발휘하는 과정이라는 리더십 행위 그 자체도 있지만, 그 리더십 행위에 대해 주관적으로 해석하고 받아들이는 부하직원들에게 인지된 리더십도 있다.

한 리더십 학자가 어떤 기업의 CEO가 효과적인 리더십을 발휘하고 있는지 여부를 확인하기 위해 설문지를 만들었다고 하자. 그 CEO의 리더십 수준을 가장 정확하게 판단하려면 과연 누가 그 설문지에 답해야 할까? 여러 대답이 가능하지만, 적어도 CEO 자신은 오답이라는 게 확실하다. CEO와 직접적으로 부딪히며 함께 일한 임원들, 아니면 그 사람의 영향력에 노출되어 있는 직원들이 답하는 것이 해당 CEO가 가진 리더십을 객관적이면서도 사실에 가깝게 측정할 수 있는 방법이다. 실제 리더십 연구에서도 이런 방식의 설문을 주로 사용한다. 이것이 바로 인지된 리더십이 더 중요한 이유이고, 누군가의 리더십을 온전히 평가할 수 있는 사람들은 자기 자신이 아니라 함께 일하는 부하직원들이라고 말할 수 있는 이유다.

일찍이 리더십 학자들은 리더십의 대상이나 리더십이 발휘되는 상황의 중요성을 깨닫고 1960년대 후반부터 '상황적 리더십 이론'을 만들고 발전시켜왔다. 상황적 리더십은 말 그대로, 리더십 스타일은 특정 상황에 따라 바뀔 필요가 있다는 것을 의미한다. 다시 말해, 어떤 상황에서는 특정한 리더십 스타일이 효과적이며, 다른 상황에서는 다른 스타일이 필요하다는 것이다. 언제나 효과적인 리더십 스타일은 없으며, 상황에 적합한 리더십을 선택해서 발휘하는 것이 더 중요하다는 의미이다. 그리고 여기에서 말하는 상황 중 가장 대표적인 것이 부하직원들이 가지고 있는 특성을 고려해야 할 때이다.

여러 상황적 리더십 모델 중 가장 유명한 것을 꼽자면, '허쉬와 블랜차드 모델'을 들 수 있다. 이 모델은 리더십 스타일을 'S1: 지시형', 'S2: 코치형', 'S3: 지원형', 'S4: 위임형' 네 가지로 분류하고, 상황에 따라 어떤 스타일이 가장 효과적인지 보여준다. 여기서 상황은 부하직원들이 가진 특성이자 수준이다. 따라서 그 상황을 부하직원들의 성숙도*를 기준으로 총 4가지 특정 상황(**M4**: 전반적인 성숙도가 높은 상황/**M3**: 중간단계의 성숙도 - 역량은 높으나 의지가 부족한 상황/**M2**: 중간단계의 성숙도 - 역량은 낮지만 의지는 높은 상황/**M1**: 성숙도가 낮은 상황)으로 구분한다. 그 다음, 각각의 특정 상황에 적합한 각각의 리더십 스타일이 쌍을 이룬다. 예를 들어 다음 그림의 오른쪽 아래의 상황(M1: 성숙도 낮음)은 지시형 리더십 스타일(S1)이 적합한 것이다. 반대로, 부하직원들의 성숙도가 높은 왼쪽 아래의 상황(M4)에서는 위임형 스타일(S4)이 더 맞다고 한다.

S1. 지시형: 부하직원이 역량이 부족하고 의지도 없을 경우(M1), 리더는 명확하고 구체적인 방향 및 업무 지시가 필요하며 때로는 강한 통제를 필요로 한다.

S2. 코치형: 부하직원이 역량은 없지만 의지는 있을 경우(M2), 리더는 그들이 부족한 역량을 높일 수 있도록 지원하고 지도하면서

---

* 여기에서의 성숙도는 부하직원들의 준비도, 역량, 숙련도, 의지 등을 모두 포괄하는 부하직원들의 개발수준 혹은 발전단계로 보는 것이 맞다.

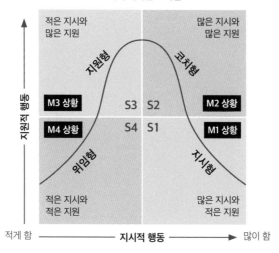

4가지 리더십 스타일

적은 지시와
많은 지원

많은 지시와
많은 지원

지원형

코치형

지원적 행동

M3 상황 S3 S2 **M2 상황**

M4 상황 S4 S1 **M1 상황**

위임형

지시형

적은 지시와
적은 지원

많은 지시와
적은 지원

적게 함 ──── **지시적 행동** ────▶ 많이 함

허쉬와 블랜차드의 상황적 리더십 모델

그들의 성장과 개발을 도모한다.

S3. 지원형: 부하직원이 역량은 있지만 의지가 없을 경우(M3), 리더는 그들의 참여를 독려하는 방식을 통해 자신감과 동기를 높인다.

S4. 위임형: 부하직원이 역량도 있고 의지도 있을 경우(M4), 리더는 자율성을 높여 주고 신뢰를 보여서 그들이 자체적으로 업무를 수행할 수 있도록 격려한다.

이런 상황적 리더십 관점을 적용해 본다면, 좋은 리더가 되기 위해 스스로에게 던져야 할 질문 중 하나는, 내가 처한 상황은 과연 어떠한가이다. 구체적으로 "내 리더십 영향력을 받는 동시에 내 리더십을 평가하는 부하직원들은 과연 어떤 사람들인가?"이다. 내가 아무리 성찰과 훈련을 통해 훌륭한 리더십을 발휘하고 있다고 하더라도, 그 리더십의 대상이 되는 주변사람들이, 특히 부하직원들은 내가 리더십이 없거나 오히려 문제가 많은 리더라고 판단할지도 모른다. 상황적 리더십의 관점에서 내 리더십 스타일이 부하직원이라는 가장 중요한 상황에 맞지 않을 수 있기 때문이다.

오펜하이머의 인간관계와 리더십에 대한 사례들을 수집하면서 가장 인상깊었던 것 중 하나는 그가 '강강약약' 스타일을 가졌다는 점이었다. 그는 강한 사람한테 강하고 약한 사람한테 약했다. 강한 사람에게 굽히지 않았다는 사실들도 멋졌지만, 무엇보다도 상대적으로 약자인 부하직원들의 상황을 고려하고 배려했다는 점에서 상황적 리더십을 떠올리기 충분하다. 어린 시절부터 친구였던 헤롤드 체르니스는 오펜하이머가 자신보다 낮은 위치에 있는 사람에게는 항상 친절하고 배려심을 가지고 있었지만, 자신과 동급인 사람들에게는 전혀 그렇지 않았다고 기억했다. 오펜하이머는 1954년에 열린 보안 청문회 자리에서 원자폭탄 개발과 관련해 자신이 공산당의 스파이 활동에 가담했다는 반역죄를 의심받는 상황에서도 이렇게 발언했다. "나는 로스앨러모스에 있었습니다. 로스앨러모스에 있던 그 누구도 연루되지 않았습니다. 그리고 버클리에 있던 그 누구도 연루되지 않았습니다." 동료들과 지인들을 지키려고 한 말이다.

우리 주변의 어떤 리더들은, 특히 사회적 위치가 높은 사람들은 자신이 지금껏 쌓아온 것을 지키기 위해, '강약약강(강한 사람에게는 약하고, 약한 사람에게는 강한)'의 성향을 보이는 게 종종 목격된다. 이와 달리 오펜하이머는 자신이 쌓아 올린 업적과 명성이 한순간에 무너질 수 있는 상황에서조차 다른 과학자들과 제자들을 지키기 위해 최선을 다했다. 그는 로스앨러모스 소장으로 일할 당시에도 보안을 문제삼아 연구소 내 가장 강력한 힘을 행사하고 있던 육군 보안 조사관들에게 맞서 동료이자 부하 과학자들을 보호하기 위해서 다분히 노력했고, 이는 과학자들이 오펜하이머를 자신들의 리더로서 받아들이고 신뢰하게 만드는 중요한 계기가 되었다고 한다.

이 장의 맨 처음에 소개된 로스앨러모스에서 다른 과학자들과 헝가리 출신의 물리학자인 에드워드 텔러 사이에 벌어진 갈등과 이를 해결하기 위해 오펜하이머가 대처한 방식을 자세히 들여다 보자. 여러 기록들에서 텔러는 고집불통에 오만한 사람으로 자주 묘사된다. 핵분열을 이용한 핵폭탄 개발에 모두가 이미 합의했기 때문에 함께 이에 매진해야 함에도 불구하고, 텔러는 처음부터 자신이 주장한 핵융합을 이용해서 더 큰 위력을 발휘할 수 있는 수소폭탄 개발에만 관심이 있었다. 이 때문에 매사 비협조적이었고, 이는 동료 과학자들의 큰 불만을 불러 일으켰다. 오펜하이머 역시 연구소장으로서 화가 나고 어이가 없는 상황이었을 것이다. 이렇게 떠나려고 하는 텔러를 붙잡지 않아도 이상할 것이 하나도 없는 상황이었지만, 그는 텔러가 떠나도록 그냥 두거나 그를 해고하는 대신에 그가 원하는 것을 할 수 있도록 배려했다.

이렇게 오펜하이머는 부하직원들의 상황과 상대적인 약자라는 그들의 입장을 고려해서 전폭적인 신뢰를 얻었다. 그렇다면 과연 그 신뢰는 어디에서 오는 것일까? 상황적 리더십의 어떤 측면이 그 효과를 발휘하게 만드는 것일까?

신뢰에 대한 가장 유명한 원칙은 인간관계의 황금률이라고 불리는 "남에게 대접 받고자 하는 대로 너희도 남을 대접하라"이다. 신뢰란 상호 관계 속에서 형성된다. 상대방으로 하여금 나를 억지로 신뢰하게 만들 수는 없다. 다만 내가 상대방을 대하는 노력과 행동을 통해서 그 사람과의 관계에 영향을 미칠 수 있을 뿐이다. 그렇기 때문에 상대로부터 신뢰를 얻거나 좋은 관계를 만들기 원한다면, 상대방이 대접받고 싶어하는 대로 대접하라는 수많은 종교와 철학 사상에서 찾아볼 수 있는 상호 호혜성의 원칙이 적용된다. 쉽게 말해, 부하직원들이 원하는 것을 알고 그들이 원하는 대로 해 줄 때, 신뢰가 쌓이고 나를 효과적인 리더라고 인식할 가능성이 높아진다.

이것을 자신의 고유한 인간관계 스타일을 상황마다 혹은 부하직원들 개개인의 성격과 성향에 따라 자유자재로 바꿔야만 한다고 받아들이는 것은 과도한 해석이고 실천하기도 너무 어렵다. 이보다는 자신이 옳다고 믿는 리더십 스타일을 지향하되, 부하직원들이 가진 특성과 상황을 이해하려고 노력하고, 무엇보다도 '유연성'을 가지고 대해야 한다는 것이 더 현실적이고 적합한 해석이다. 여기에서 유연성이란 자신이 처한 상황이나 상대의 요구에 따라 적절하게 대응하기 위해, 자신의 성격이나 스타일과는 다른 행동을 이해하려고 노력하고, 때로는 상대방을 위해 자신과 맞지 않는 행동도 기꺼이 시도하려는 용기를 의미한다. 예를 들어, 업무 피드백을 주는 상황에서 이성적이고 원칙을 중시하는 T(사고형Thinking) 성향 리더일지라도 자신과 반대 성향을 가진, 예를 들어 느낌을 중시하는 F(감정형 Feeling) 성향을 가진 부하직원이 받게 될 감정을 생각해보고, 그들이 피드백을 더 잘 수용할 수 있는 방식을 고민해 볼 수 있다.

이렇게 개개인의 리더들은 자신이 처한 상황, 즉 함께 일하고 있는 부하직원들의 특성을 고려해서 그들이 대접받기를 원하는 스타일이 무엇인지 진지하고 또 심각하게 고민해봐야 한다. 다시 한번 강조하지만, 리더가 한 명도 아닌 다수 부하직원들의 개별적인 특성과 상황을 모두 고려하는 것은 어찌 보면 불가능하다.* 따라서 그것이 어렵다면 적어도 부하직원들이 가진 일반적인 특징이나 나와는 다른 점들을 이해하도록 노력해보고 그 부분들까지도 포용할 수 있는 포용적 리더십이나 상황적 리더십을 발휘하는 것이 필요하다.

---

* 이런 측면에서 MBTI라는 효과적인 성격진단도구가 유행을 하고, 이를 통해 자신은 물론이고 타인을 더 잘 이해해 보고자 하는 노력이 더 커졌다는 것은 바람직한 현상이라고 볼 수 있다. 하지만, 부하직원들의 MBTI 결과가 그들이 가진 모든 개인적인 특성을 설명하는 것은 아닐뿐더러 일터에서의 모습은 그것과는 다를 가능성 역시 높기 때문에 MBTI로만 부하직원들을 성격유형으로 파악해서 그들에게 적합한 리더십 행동전략을 세우고 실행하는 것이 바람직한 접근방식은 아니다.

나와 다른 부하직원들을 이해하도록 노력하고 그들을 너른 마음으로 포용함으로써 부하직원들에게 다가서기 쉬운 리더로 인식될 수 있는 '포용적 리더십'을 가진 리더들은 다음 특징들을 가지고 있습니다. 아래 각 특징을 잘 읽고, 해당 내용이 현재 여러분에게 해당되는지를 '예', '아니오'로 답해 보십시오.

1. 나는 부하직원들이 업무상 문제가 발생하면 언제든지 찾아올 수 있는 사람이다.

2. 나와는 다른 스타일의 부하직원들과 함께 일할 때, 더 나은 결과를 얻기 위해 필요하다면 나의 스타일을 유연하게 변화시킬 수 있다.

3. 나는 가능하다면 내가 부하직원들에게 대접받고자 하는 대로 부하직원들을 대한다. 즉 부하직원들을 존중한다.

4. 나는 내 부하직원 개개인들은 어떤 사람이고 각각 어떤 특징을 가지고 있는지 고민해 본 적이 있다.

5. 나는 내가 다른 사람들에게 가지고 있는 편견(예: MZ세대들은 나와는 다르다 등)을 가지고 있는지 고민해 본 적이 있다.

6. 내가 맡은 조직이나 팀 내에서, 나 스스로를 포함한 모두가 서로의 특징, 즉 고유하거나 독특한 점을 공유하고 이해하는 시간을 가진다.

7. 나는 부하직원들에게 업무나 의사결정을 위임할 수 있고, 그 방법이 서로가 윈-윈하는 방식 중 하나라고 믿는다.

8. 내 부하직원들이 서로를 존중하도록 만들며, 특히 내가 맡은 조직이나 팀 내에서 소외감을 느끼는 사람이 없도록 노력한다.

9. 내 부하직원들 중 상대방을 존중하지 않거나 배타적으로 대하는 직원에게 그

러지 말 것을 알려주고 또 설득할 수 있다.

10. 나는 내가 기분이 안 좋을 때에도, 평소와 다름없이 일관성을 가지고 부하직
    원들을 대한다.

결과해석:

1. 만약 '예'라고 대답한 항목의 개수가 6개 이상이라면, 당신은 이미 포용적인 리더입니다.

2. 만약 '예'라고 대답한 항목의 개수가 3개에서 5개 사이라면, 당신은 훈련을 통해 충분히 포용적
   리더가 될 수 있습니다. '아니오'라고 대답한 항목들을 다시 한번 읽어 보시고 해당 내용을 실천
   해 보시기 바랍니다.

3. 만약 '예'라고 대답한 항목의 개수가 2개 이하라면, 당신은 아직 포용적이지 않고 배타적인 리더
   일 가능성이 높습니다. 위의 항목들을 다시 한번 하나씩 꼼꼼히 살펴보시고, 해당 내용들을 실천
   해 보려고 노력하시기 바랍니다.

KEYWORDS

22장

우리는 토요일마다
파티를 벌였다

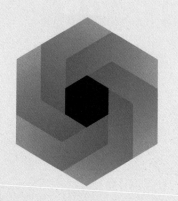

chapter. 22

바로 앞 장에서 훌륭한 리더가 되기를 바란다면 부하직원들이 가진 일반적인 특징이나 나와는 다른 점들을 이해하도록 노력해보고, 그 부분들까지도 포용할 수 있어야 한다고 강조했다.

그렇다면 직원들의 일반적인 특징, 더 구체적으로 요즘 부하직원들이 그들의 리더들과 다른 점들은 무엇일까? 최근 몇 년 사이 인터넷 상에는 MZ세대 직장인들의 특징과 관련된 인터넷 밈*들이 많아지고 있다. 그만큼 MZ세대들은 과거의 보편적인 직장인들의 모습과는 많이 다른, 소위 튀는 존재들로 인식되는 것 같다. 객관적인 사실을 들자면, 현재 일터에서 MZ세대가 차지하는 비중은 점점 커지

---

* 인터넷 밈Internet meme은 온라인 상에서 텍스트, 이미지, 비디오 등으로 전파되는 문화적인 요소들을 말한다. 주로 재미있으면서도 공감을 일으키는 내용을 담고 있으며 채팅이나 소셜 미디어 등을 통해 활발하게 공유된다.

고 있고, 앞으로 더 커질 수밖에 없다. 조직 규모나 업종에 따라 차이는 있겠지만, 초급 관리자나 일반 직원들, 즉 누군가의 부하직원으로 일하고 있는 직장인들 중 MZ세대가 차지하는 비율은 매우 높을 것이라 추정 가능하다. 따라서 현재 리더의 위치에 있는 사람들은 MZ세대는 어떻게 다르고, 어떻게 하면 MZ세대 직장인들을 잘 이끌어서 그들이 업무에 몰입하고 또 성과를 내게 만들 수 있을지 한번쯤은 고민해 봤을 것이다.

수차례 강조하지만, 조직 내에서 리더 혹은 상사의 리더십을 객관적이고 온전하게 평가할 수 있는 사람은 오직 부하직원밖에 없다. MZ들이 맞는지 틀린지, 그들이 윗세대나 자신들의 리더들에게 가지고 있는 감정이나 평가가 옳은지 그른지를 떠나, 그들에게 좋은 리더가 되기 위한 노력이 필요한 이유이다. 그들의 특성을 알아야 좋은 리더로 평가받을 수 있다.

MZ세대가 인정하는 유일한 MZ세대들의 공통점은 '자신들을 MZ라고 부르는 것을 싫어하는 것'이라는 말이 있다. 그만큼 자신들에게 딱지를 붙여 규정하려고 하는 것을 싫어한다는 것으로 해석할 수 있다. 이런 사실은 부하직원들인 MZ세대의 특징을 알아야 그들에게 더 나은 리더가 될 수 있다는 사실을 더 어렵게 만든다. 이런 쉽지 않은 상황에서 리더들은 도대체 어떻게 그들에게 다가가야 좋은 리더로 인정받을 수 있을까?

사실 M, 즉 밀레니얼들과 그 아래 세대인 Z세대들 사이에 꽤 많은 나이 차이에도 불구하고 우리나라에서는 일반적으로 두 세대를 한 데 묶어 MZ세대라고 표현한다. 두 세대 간 공통점이 많기 때문이라고 가정할 수도 있지만, 세대론에 비판적인 사람들도 역시 그 둘을 함께 묶는 현상이나 "MZ들은 어떻다"라고 그들을 규정 짓는 것 자체에 문제가 있다고 지적한다.

이런 이유로, 그들에 대해 더 잘 알기를 원하는 리더라면 확실한 경험이나 근거 없이 "MZ들은 어떻다", "MZ들은 다르다" 식의 고정관념에 사로잡혀 있는 건 아닌지 먼저 반성해 볼 필요가 있다. 설사 MZ세대 부하직원과 갈등이 있거나 특별한 사건이 있던 경우라도 그건 둘 사이의 개인적 문제이지 그 대상이 속한 특정세대 전체의 일반적인 문제는 아닐 것이다. 만약 그런 일을 겪었을 때 그 즉시 "아, MZ들은 도대체 왜 이러는 거지?"라고 생각한 적이 있다면, 스스로가 편견에 사로잡혀 있는 건 아닌지 진지하게 고민해 볼 필요가 있다.

올바른 리더라면 MZ직원들과 혹시라도 갈등상황이 발생했을 때, 내 잘못은 아닌지 그리고 그럴 만한 상황이 있었던 건 아닌지 우선 이성적으로 판단할 것이다. 그 후, 정말 문제가 있다는 걸 깨달으면 대상자인 개인을 탓할 것이다. 그 사람 개인의 문제이지 그의 출신 성분이나 그가 속한 집단 전체의 문제로 비약하지 않을 것이다. 그렇기 때문에 리더들은 MZ라는 단어의 무분별한 사용과 그들 전체를 탓하는 습관이 그들에 대한 차별로 연결될 수 있고, 결국 그들과 더 멀어지는 지름길이라는 것을 알아야만 한다.

이렇게 세대론이 빠질 수 있는 함정을 반성해 보는 게 우선이지만, 도대체 왜 세대론이 많은 이들의 공감을 얻는지에 대해서도 생각해 볼 필요가 있다. 원래 논점으로 돌아가, 특정 세대가 가진 보편적인 특징에 대해 이해하고 받아들여야 할 부분도 있다. 이런 이유로 우리는 그들을 이해하고 포용할 수 있는 더 나은 리더가 되기 위해, 부하직원들의 대부분을 차지하고 있는 MZ세대 직장인들을 고려한 리더십 접근방식이 무엇인지 조심스럽게 생각해 볼 필요가 있다.

규정하기 어려운 MZ세대에게는 여러가지 특징이 있겠지만 여기에서는 크게 두 가지, '위계질서와 위계적 리더십에 대한 반감'과 '웰빙'이라는 키워드들을 통해 요즘 부하직원들을 이해해보려고 한다.

첫번째는 위계질서와 권위를 따지는 꼰대들과 그들의 위계적 리더십을 향한 반감이다. 우리 대부분은 꼰대가 가진 부정적 의미와 어감을 잘 알고 있다. 꼰대는 주로 보수적이고 구식 가치관과 태도를 가지고 옛날의 경험과 가치관만을 중시하고, 특히 자신보다 나이가 어린 사람들의 행동을 이해하지 않으면서 비판적인 태도를 가진 사람을 의미한다. 그러면 왜 우리는 MZ세대들이 싫어하는 꼰대 직장인이 되었을까? 여러가지 이유가 있겠지만, 그들이 '상사'나 '리더'에 대한 이미지를 학습한 과거의 조직형태와 그 당시의 일반적인 리더십 접근법을 통해 그 실마리를 찾아볼 수 있다.

정신분석학에서 사용하는 '공격자와의 동일시'는 1932년에 헝가리의 정신의학자인 페렌치 샨도르가 처음 주장하고 정신분석학의 창시자인 지그문트 프로이트의 딸 아나 프로이트가 정리한 개념이다. '동일시'는 개인이 자기 주변의 중요한 사람들의 태도나 행동을 닮는 것을 의미한다. 따라서 '공격자와의 동일시'란 자기를 괴롭히거나 자기가 싫어하는 사람을 자기도 모르게 닮아 가는 것이다. 자기가 두려워하는 사람의 특징을 닮아서 두려움을 극복하는 미성숙한 방어 기제로, 심한 가정폭력을 경험한 아이가 성인이 되어서 자신의 아이에게 똑같이 행동하는 경우를 예로 들 수 있다.

상사와 부하직원의 관계에서도 공격자와의 동일시, 즉 극복하지 못하면 닮아간다는 룰이 적용된다. 한마디로 부하직원이 상사의 리더십 스타일을 보고 그대로 배울 수 있다는 말이다. 업무나 직장에서의 경험이 상사보다 상대적으로 적은 부하직원들은 윗사람들의 언행을 의도하든 의도치 않든 학습한다. 직속 상사가 긍정적이고 선한 영향력을 행사하는 사람이라면 행운이다. 하지만 대부분의 꼰대들이 속해 있는 구세대(주로 베이비부머나 X세대) 직장인들이 리더의 자리에 오르기 전인, 짧게는 십년 전 길게는 삼사십 년 전에는, 요즘에는 꼰대라고 딱지 붙은 스타일의 리더, 즉 지시적이고 권위적인 리더가 강력한 리더십을 발휘한다고 믿고 또 추앙받던 시대였다. 설사 선배들의 권위적인 모습을 싫어한 일부 구세대들이 다른 스타일의 리더십을 보고 배우려고 해도 회사에서 정한 바람직한 리더상이 "까라면 까야지" 혹은 "해보긴 했어?"라고 묻는 위계적이고 강압적인 스타일에 가깝다 보니 자신도 모르게 군대식이자 상명하복 스타일의 리더십을 닮아갔을 가능성도 있다.

리더십 이론도 마찬가지다. 20세기에 개발된 대부분의 리더십

이론들은 주로 한 명의 리더와 다수의 부하직원들 간의 관계에 주로 관심이 있었다. 이 이론들은 전통적인 피라미드형 위계 조직 구조를 가정하고 정립되었기 때문이다. 따라서 그 당시 연구들은 계층적 조직 구조에서 임명된 공식적인 리더의 역할과 책임에 주로 초점을 두었다. 하지만 리더십에 대한 하향식 접근만을 고집한다면 그에 따르는 많은 문제가 있다. 예를 들어, 윗사람의 역할은 주로 '명령'과 '지시'이기 때문에 개인의 의도나 성격과는 상관없이 꼰대로 불릴 가능성이 높다는 것이 그 부작용 중 하나이다. 이런 측면에서 MZ세대 직장인들이 선호하는 리더십 스타일을 규정하는 것은 어렵지만 적어도 과거 세대에게나 익숙한 위계 기반의 지시적 리더십 스타일을 좋게 보지 않을 것은 확실하다. 지시보다는 공유, 명령보다는 쌍방향 의사소통에 더 익숙하고 선호할 가능성이 높다. MZ들에게 소위 더 먹히는 리더의 스타일이 무엇인지는, 리더십에 대한 보다 민주적이고 탈권위적인 방식, 예를 들어 '공유리더십' 등에서 그 실마리를 찾을 수 있다.

두번째로 리더들이 염두에 두어야 할 MZ세대들이 가진 특징은 웰빙, 즉 전반적인 삶의 행복과 만족도를 중시한다는 점이다. 글로벌 컨설팅회사인 딜로이트에서 2023년에 우리나라를 포함한 '전세계 MZ세대 직장인들을 대상으로 실시한 설문'에 따르면 지난 몇 년 사이 MZ세대들에게서 '일과 삶의 균형', 즉, 개인이 업무와 가정 또는 개인 생활 간 적절한 균형을 유지하는 것에 대한 요구가 더 커졌다고 한다. 이는 요즘 '워라밸'이라는 신조어로 더 잘 알려져 있는

데, 일터에서의 스트레스를 최소화하고 개인의 전반적인 행복과 만족감을 주는 웰빙을 추구하는 것을 의미한다. 설문 결과는 앞으로 MZ세대 직원들을 관리하고 리더십을 발휘하는 데 있어 웰빙의 중요성이 매우 높아졌음을 보여준다.

곰곰이 생각해 보면 웰빙을 포함한 더 행복한 삶을 추구하려는 노력인 '일과 삶의 균형'은 모든 직장인들에게 소중하고 필요한 가치이다. 최근 들어 그 중요성이 더 강조되고 있을 뿐이지, MZ세대들만이 별나게 요구하는 것이 아니라 시대와 세대를 막론하고 인간이라면 누구나 갈구하는 기본적인 욕망 중 하나다. 이는 80여 년 전의 로스앨러모스 연구소에서도 마찬가지였다. 하루라도 빨리 핵폭탄을 만들어야 하지만 동시에 언제 끝날지는 모르는, 그리고 철통 보안을 위해 철저히 외부세계와 고립되어 있던 로스앨러모스 연구소에서 웰빙과 워라밸은 반드시 해결되어야 할 중요한 문제였던 것 같다.

로스앨러모스 연구소에는 과학자들뿐 아니라 그들의 가족들 역시 입소해서 떨어져 있지 않고 함께 지낼 수 있었다. 당연한 것 같은 이 정책은 핵무기 개발의 중요성, 즉 국가의 미래가 걸린 전쟁에서 승리해야만 한다는 중대한 목적을 생각해보면 일반적이고 상식적이지만은 않다.* 미국 정부, 보안을 그 누구보다 중요하다고 생각

---

* 예를 들어, 수학능력시험 출제위원들이 철저한 보안을 위해 가족을 비롯한 외부와 철저히 단절된 채 합숙소에서 한 달이 넘는 시간을 보낸다는 것을 생각해보면 비교가 가능하다.

했던 그로브스, 그리고 연구소장이었던 오펜하이머 등 주요 의사결정자들이 핵무기 개발을 수행하는 연구소 직원들의 만족도와 웰빙을 고려한 파격적인 결정이었다고 볼 수 있다. 오펜하이머 자신도 부인 키티와 아들 피터와 함께 로스앨러모스에 들어왔으며, 딸 캐서린은 1944년 7월 로스앨러모스 연구소 안의 막사 병원에서 태어났다. 만약 연구소 안에서 워라밸이 지켜지지 않았다면, 연구소 내 병원이 '시골 무료 출산실'라고 불릴 일도, 그로브스가 연구소 내의 높은 출산율에 대해서 불평할 일도 없었을 것이다.

연구소 총책임자로서 오펜하이머는 모두에게 열심히 일하고 또 열심히 놀라고 주문했다. 비록 모두가 핵폭탄 개발이 나치보다 뒤쳐져 있다는 불안감을 가지고 있었음에도 불구하고, 오펜하이머 자신을 포함한 과학자 모두는 일주일 중 하루는 꼭 쉬었다고 한다. 연구소 내에서는 배급카드만 보여주면 군인 매점에서 식료품을 쉽게 구할 수 있었고, 극장도 있었기 때문에 30센트만 내면 주당 두 편의 영화를 볼 수 있었다. 음악에 소질이 있는 몇몇 과학자들은 피아노와 바이올린 연주회를 열기도 했다. 매주 토요일 밤이면 기숙사에 사는 미혼 연구자들은 음주를 포함한 너무 소란스러운 파티를 열어서 군인들에게 제지를 당하기도 했다. 일요일이면 많은 사람들이 가족들과 함께 로스앨러모스 주변의 산으로 소풍을 떠나거나 등산을 가기도 했다. 물리학자 로버트 브로드의 아내인 버니스 브로드는 "우리 모두 일이 끝나는 토요일 밤마다 축제를 벌였고, 일요일에는 여행을 떠났고, 주중에는 일했다"고 당시를 회고했다. 전시라는 특

수 상황과 자신들이 수행하는 프로젝트가 성공해야 전쟁이 끝난다
는 불안감과 책임감이 가득 찬 로스앨러모스에서조차 직원들의 웰
빙과 워라밸을 지키기 위한 다양한 노력들이 있었다.

KEYWORDS

다양성   형평성   포용성

23장

그는 우리 모두가
서로 다르단 걸 알았다

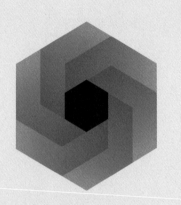

chapter. 23

2020년대에 접어들면서 젊은 세대를 중심으로 MBTI의 인기는 매우 높아졌다. 이제는 누군가에게 자기소개를 할 때 MBTI를 밝히고 묻는 모습이 전혀 낯설지 않다. 인터넷에서 'MBTI 궁합', 'MBTI 유형별 친해지는 방법' 등과 관련된 동영상들의 조회수가 높은 것을 보면, 많은 사람들이 자신의 MBTI는 물론이고 다른 사람들의 MBTI에도 관심이 많다는 사실을 알 수 있다.

MBTI에 관심이 있고 영화 〈오펜하이머〉를 본 사람이라면, 주인공인 오펜하이머를 비롯한 여러 등장인물들의 MBTI에 대해 한 번쯤 생각해 봤을 수도 있다. 영화 속 등장인물이 워낙 많고 성격 또한 입체적이다 보니, MBTI의 16가지 유형과 영화 속 등장인물들을 각각 연결한 재치 있는 정보들도 어렵지 않게 찾아볼 수 있다.

그렇다면 오펜하이머의 MBTI는 무엇일까? MBTI의 4가지 기준을 가지고 생각해 보자.

1. 에너지방향 - 내향(Introversion) vs. 외향(Extraversion): 그의 깊은 생각과 고민은 자신의 감정과 내면세계에 집중하는 I의 특성을 잘 보여준다. 그의 어린 시절과 학창 시절을 보면 소극적이고 자기만의 공상에 빠져 있는 모습이 많다.

2. 인식형태 - 직관(Intuition) vs. 감각(Sensing): 오펜하이머는 창의적이면서도 상상력이 풍부했다. 그러면서도 주변의 다른 사람들과 다양한 의견을 공유하며 그들을 설득하는 것으로 보아 N에 가깝다고 볼 수 있다.

3. 판단기준 - 감정(Feeling) vs. 사고(Thinking): 그는 이과감성을 가진 물리학자이자 철저한 계획과 관리를 통해 맨해튼 프로젝트를 성공시킨 프로젝트 매니저였다. 특히 자신의 논리적 본성을 이용해 모든 것에 진실을 전제로 한 의문을 제기했다는 것은 T의 가장 강력한 특징 중 하나이다.

4. 생활방식 - 인식(Perceiving) vs. 판단(Judging): 오펜하이머는 사물과 현상을 액면 그대로 받아들이지 않았다. 전쟁을 끝내기 위해 원자폭탄의 개발을 주도했지만, 전쟁이 끝난 후에는 원자폭탄으로 인해 발생할 수 있는 더 큰 문제들이 있다고 판단해서 군축을 주장했다. 이런 의사결정력은 J의 특징이다.

이 밖에도, 오펜하이머는 자신의 판단과 행동으로 인해 미래가 어떻게 전개될지 늘 관심이 많았고, 이상주의자인 동시에 현실주의자였다는 것, 그리고 일생동안 집중적인 탐구와 많은 고민을 통해 수많은 업적을 이뤘다는 역사적 사실도 그가 INTJ였다는 의견을 뒷받침한다. 미국의 한 MBTI 관련 웹사이트에서도 투표에 참가한 600여명 중 70% 이상이 그를 INTJ라고 평가했다.

그럼 나머지 30%는 무엇을 골랐을까? 두번째로 많이 나온 답은 INFJ인데, 그가 T가 아닌 F라는 것은 오펜하이머가 일본에 원자폭탄을 투하한 이후 느꼈던 죄책감과 타인에 대한 공감능력이라는 측면에서 생각해 볼 수 있다. 예를 들어, 다른 과학자들과의 불화와 수소폭탄에 대한 집착으로 에드워드 텔러가 로스앨러모스를 떠나려고 할 때 오펜하이머는 끝까지 그를 붙잡고 다독이려는 노력을 보였다.

게다가 미국의 토론 웹사이트인 레딧에서는 그는 사실 내향인이 아니라 외향인이라는 주장까지 나왔다. 그는 비록 어린시절에는 소심했지만 맨해튼 프로젝트의 책임자가 된 이후 대담한 성격을 가지고 논란이 될 만한 주제에 대해 남들과 격렬하게 논쟁을 벌였기 때문에 그를 E로 봐야 한다는 것이다.

이렇게 MBTI라는 성격유형진단을 통해 특정 인물을 세심히 파악하려는 노력들은 좋아 보인다. 자신의 MBTI를 테스트해 보고 누군가의 MBTI를 가늠해 보는 것은 재미도 있지만, 비슷한 유형의 사람들끼리 공감대를 만들어 주기도 하고, 서로 다른 성격을 가진 사람들끼리는 각기 다른 사고와 행동을 좀 더 이해하도록 돕는 좋은 수단이 되고 있다.

하지만, 인간관계에 있어 MBTI 같은 성격유형검사를 활용하는 데는 더 중요한 의미가 숨어있다. 더 나은 인간관계를 위해서는 먼저 서로 다른 성격의 다양성을 인정하고 존중해야 한다는 사실이다. MBTI는 편의상 인간의 성격을 16가지의 카테고리로 나누어 분류하고 있지만, 사실 이 지구상에 똑같은 성격을 가진 사람은 존재하지 않는다. 지구상에 살고 있는 인류의 전체 수만큼 다양한 성격의 사람이 존재하는 것이다. 최근 경영학에서 불고 있는 DEI(Diversity, Equity, Inclusion: 다양성, 형평성, 포용성) 즉, '서로 다름'을 인정하자는 키워드는, 일반적으로는 인종이나 정체성, 장애 등에 대한 차별이 없는 조직이나 사회를 만들자는 뜻이다. 우리는 여기에서 한발 더 나아가, 가장 세분화된 수준의 다양성인 개개인 한 명 한 명이 가진 각기 다른 성격의 차이를 인정하고 받아들일 때, 더 나은 관계와 그 관계를 통한 바람직한 성과를 만들 수 있다는 것을 명심해야만 한다.

오펜하이머가 로스앨러모스에서 다른 과학자들을 이끌었을 당시(1943~1945)는 MBTI가 개발되기 한참 전이었다. 하지만 오펜하이머는 이미 다양성 관리 개념을 너무도 잘 이해하고 실천했다. 리더가 실행해야 할 다양성 관리와 DEI 실현을 위한 실천사항은 많다. 그 중 오펜하이머가 실천한 가장 돋보이는 사례는 성격과 특색이 다른 과학자들과 군인들 사이를 잘 조율하고, 자신과 맞지 않는 성격을 가진 이들까지도 포용한 것을 들 수 있다.

맨해튼 프로젝트의 총책임자로서, 오펜하이머와 함께 프로젝트를 성공으로 이끈 그로브스 장군은 성격이 오펜하이머와 정반대의 인물로 알려져 있다. 오펜하이머는 그로브스의 불같은 성격으로부터 과학자들을 보호하고, 보안문제와 관련한 심각한 갈등과 대립 상황에서 실질적인 상사였던 그로브스에게 굴하지 않고 자신과 과학자들의 의견을 관철시켜, 결국 프로젝트 보안의 핵심이었던 구획화 정책을 무용지물로 만들었다. 한편으로는 보안장교들의 요구를 하나하나 세세하게 들어주면서 그로브스의 입장에서 그와 군인들을 만족시키려 노력했다.

그는 친구였지만 정반대의 외향적 성격을 가진 어니스트 로런스는 물론이고 성격적으로나 철학적으로 모두 맞지 않는 에드워드 텔러에게도 끝까지 참고 인내하면서 그들의 다른 견해와 주장을 인정하려는 모습을 보이기도 했다. 게다가 오펜하이머는 원래는 극 I지만 로스앨러모스에서 자신의 역할에 더욱 충실하기 위해서 파워 E로 행동했을 가능성도 있다. 한스 베테는 "로스앨러모스에서의 오펜하이머는 내가 알던 오펜하이머와는 매우 달랐다"고 회고하기도 했다.

다양성 관리의 기본 가정은 "더 다양한 사람이 모여 있을수록 더 높은 성과를 낸다"이다. 하지만 사람들은 기본적으로 자신과 비슷한 배경과 성격을 가진 사람과 일하는 것을 더 선호한다. 상대방의 행동을 예측하기 쉽기 때문에 더 안전하다는 논리다. 우리나라에서 여전히 학연/지연 등 연고가 먹히는 이유기도 하다. 최근 어떤 회사에서 채용할 때 특정 MBTI 유형을 선호한다는 소식을 들었다. 하지만 같은 MBTI 유형의 사람이라도 다 다르며, 설사 같더라도 비슷한 사람들끼리는 시너지를 내기 어렵다는 사실을 간과한 경우다. 결국 사장과 회사 손해다.

오펜하이머는 맨해튼 프로젝트에서 과학자들의 배우자들을 포함해 다양한 배경을 가진 수천 명의 사람들이 하나의 목표를 향해 효율적이고 효과적으로 일할 수 있게 만들었다. 그가 말년에 버진제도의 작은 섬인 세인트존에서 지냈을 때 종종 파티를 열어 섬의 여러 친구들을 초대했다고 한다. 당시 오펜하이머는 흑인이든 백인이든, 교육을 받았든 아니든 어떤 것도 구별하지 않고 정말 다양한 사람과 어울렸다고 전해진다. 그때가 1960년대라는 것을 생각해 보면 오펜하이머야말로 다양성 관리와 DEI의 바람직한 본보기라 할 수 있다.

KEYWORDS

젠더   고정관념

24장

그는 고정관념에
얽매이지 않았다

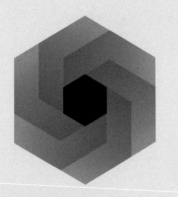

chapter. 24

지난 2023년 10월, 하버드 대학교의 여성 경제학자 클라우디아 골딘은 여성 노동시장에 대한 이해를 높이고 무엇보다도 직장에서 성별에 따른 임금 차이에 대한 근본 원인을 밝힌 공로로 노벨경제학상을 수상했다. 이는 여성 학자가 노벨경제학상을 받은 세 번째이자, 단독으로 수상한 첫 번째 기록이다. 골딘은 지난 20세기 이후 여성의 교육 수준과 여성직장인들의 비율이 점차로 높아졌음에도 여전히 남성과 여성의 수입 격차는 줄어들지 않았으며, 그 이유 중하나는 직업과 경력에 대한 관점이 비교적 어린 나이에 부모를 통해 생겼기 때문이라고 했다. 예를 들어, 젊은 여성들은 자신을 키워준 것은 주로 엄마였고 또 엄마들이 자신을 키우는 동안 직장에 돌아가지 않는 것을 봤기 때문에, 자신도 그래야 될 것만 같은 생각에 사로잡힐 수 있다. 다시 말해, 양육의 주요 책임은 여성에게 있다는 전통적인 성 역할 규범에 대한 사회적인 기대와 학습, 그리고 그에 대한 순응으로 인해 여성들이 더 나은 커리어를 가질 기회를 포기하게 되고, 이는 결국 여성들의 경력과 임금에 부정적인 영향을 미치는 것이다.

게다가 아이가 생기면 부부 둘 중 한 명은 아이를 돌봐야만 하는 상황에서, 남성들은 경력을 쌓는 동시에 급여도 높은 '탐욕스러운 일자리'를 택하는 경우가 많지만 수많은 여성들은 가정과 육아를 위해 커리어를 포기하거나 혹은 급여는 적지만 시간은 자유롭게 쓸 수 있는 '유연한 일자리'를 선택한다. 이것이 결국 남성과 여성의 급여와 커리어에 더 큰 차이를 만들었다는 게 그녀가 주장한 요지였다.

영화 〈오펜하이머〉가 개봉되었을 때, 몇몇 영화평론가가 비평한 내용은 영화 속에서 맨해튼 프로젝트에 참여한 수많은 남성 과학자들이 등장하지만 정작 여성 과학자들의 모습은 별로 부각되지 않았다는 점이다. 사실 로스앨러모스에는 여성 과학자들 역시 핵무기 개발에 참여하고 있었다. 그러나 비단 영화에서뿐 아니라 맨해튼 프로젝트에 대한 여러 기록물에서 여성들의 참여와 업적이 상대적으로 적게 조명 받은 것도 사실이다. 2024년 1월, 미국 원자력물질관리연구소가 주관한 '핵개발 시대의 여성 개척자들'이라는 제목의 온라인 세미나 소개는 다음과 같다.

보통 우리가 원자폭탄을 만든 미국 정부의 비밀 프로그램인 맨해튼 프로젝트에 대해 이야기할 때, 우리는 오펜하이머, 그로브스 장군,

엔리코 페르미 등 프로젝트를 주도한 남자들만 주로 이야기했습니다. 핵분열의 발견부터 핵폭탄 투하까지 여성들도 매우 중요한 일들을 했음에도 불구하고 여성들은 간과된 것입니다. 따라서 우리는 이 세미나를 통해 맨해튼 프로젝트에 참여한 여성들의 업적을 이야기하려 합니다. 우리가 이야기할 여성들 중에는 이미 잘 알려진 사람들도 있지만 처음으로 알려진 경우도 있습니다. 우리는 이 세미나를 통해 리제 마이트너, 세실리아 라르센, 클라라 폰 노이만, 리안 러셀뿐 아니라 핸포드 공장과 오크리지 연구소에서 프로젝트에 참여한 여성들까지 폭 넓게 살펴볼 것입니다.

교대근무를 위해 오크리지 국립연구소로 출근하는 여성들

출처: American Museum of Science and Energy

영화 평론가들이 지적한 대로 영화 〈오펜하이머〉에서 여성 과학자들이 등장하는 장면은 많지 않다. 하지만, 로스앨러모스 연구소장이었던 오펜하이머가 여성 인력들에게 어떤 시각을 가지고 있었는지 보여주는 두 가지 장면이 있다.

영화 〈오펜하이머〉 중 한 장면[일부 각색]

장면 1. 오펜하이머의 사무실을 방문한 그로브스가 책상에서 타이핑을 하고 있는 젊은 여성을 살펴보면서 못마땅한 얼굴로 오펜하이머에게 묻는다.

그로브스 도대체 저 여잔 누구요?

오펜하이머 서버의 부인인 샬럿이에요. 내가 부인들 모두에게 일자리를 줬거든요. 행정직, 도사관 사서, 계산 담당… 직원 수는 줄이고 그러면서도 가족은 함께 할 수 있고, 일거양득이에요.

그로브스 능력은 있는 사람들이긴 한 거요?

오펜하이머 걱정 말아요. 여기 로스앨러모스 공동체에서 제일 똑똑한 사람들 중 일부예요.

장면 2. 로스앨러모스 연구소 영내로 오펜하이머가 부소장 콘던과 게이트를 통해 들어오고 있는데, 뒤에 있던 한 여성이 다급하게 뛰어오면서 오펜하이머를 부른다.

호닉 오펜하이머 박사님! 제가 일을 하려고 인사과에 지원했는데… (어이없다는 얼굴로) 글쎄 저한테 타자를 칠 줄 아냐고 그러네요…

오펜하이머 타자기 칠 줄 알아요?

호닉 하버드 대학원에서 화학 전공할 때 그건 안 알려주던데요…

오펜하이머 (웃으면서 콘던의 어깨를 툭 치며) 호닉 부인을 플루토늄 화학팀에서 일하게 해.

버클리 시절부터 오펜하이머의 제자이자 친구이기도 했던 로버트 서버의 아내 샬럿 서버는, 훗날 "그 프로젝트에 우리 여성들도 함께 참여했다는 사실을 쉽게 잊지 못할 겁니다. 당시에도 그건 정말 인상 깊은 경험이었습니다. 우리는 사람들이 절실히 필요했던 상황, 바로 전시에 그와 직접 관련된 일을 하고 있었습니다"라며 프로젝트에 참여했던 당시를 회고했다.

릴리 호닉이 로스앨러모스에 들어온 이유 역시도 남편이었던 물리학자 돈 호닉이 연구소에 채용되었기 때문이다. 하지만, 영화 장

샬럿 서버와 릴리 호닉의 로스앨러모스 연구소 신분증 사진

출처: Los Alamos National Laboratory

면에서처럼 결국 릴리 호닉은 과학자로서 프로젝트에 직접 참여하고 또 활약을 펼칠 수 있었다. 처음에는 전공을 살려 플루토늄 화학팀에서 일했지만 플루토늄이 여성의 건강에 특히 더 안 좋다는 우려가 제기된 후, 폭발팀으로 옮겨 일을 계속했다. 그리고 그녀는 일본의 민간인들을 대상으로 핵폭탄을 투하하는 대신, 핵무기의 파괴력만을 보여주자는 탄원서에 서명한 과학자 중 한 명이었다. 그녀는 90세였던 지난 2011년, 핵 유산 재단과의 인터뷰에서 오펜하이머는 정말 모두에게 존경받는 사람이었다고 말했다.

오펜하이머가 여성에 대한 편견이 정말 없었는지는 본인을 제외하고는 아무도 모른다. 하지만 위의 영화 장면만 보더라도 오펜하이머는 적어도 그로브스를 비롯한 다른 남성들보다는 그런 고정관념에서 자유로웠다고 추측할 수 있다. 실제로 로스앨러모스에는 전체 인력의 11%에 해당하는 640여 명의 여성이 근무하고 있었고, 그 중 절반이 물리학자, 수학자, 화학자, 생물학자 등 과학자였다. 이런 사실들은 오펜하이머가 여성 인력들이나 여성 과학자들에 고정관념을 가지고 있던 사람이기보다는, 필요하고 또 능력도 갖췄으면 당연히 일할 수 있다고 믿은, 당시로서는 '깨인 사람'이었다는 것을 보여준다. 1940년대 당시 미국의 사회 분위기상 고등교육은 주로 남성들의 전유물이었다. 남성은 가장으로서 밖에서 돈을 벌어오고 여성은 집안에서 가사와 육아를 전담해야 한다는 전통적인 성 역할에 대한 고정관념도 지금보다 훨씬 더 컸을 것이다.

80여 년이 지난 2024년을 사는 우리는, 혹시라도 자신이 여전히 저 고정관념에 사로잡혀서 살고 있는 것은 아닌지 생각해 볼 필요가 있다. 맨 앞에서 소개한 2023년에 노벨경제학상을 받은 클라우디아 골딘의 이야기로 돌아가보자. 그녀를 비롯한 많은 학자들은 남성이 여성보다 더 많은 수입을 얻을 수 있도록 설계된 현대 사회의 구조적인 시스템이 남녀의 임금 불균형을 만드는 데 한몫한다는 것을 지적한다. 골딘은 그녀의 저서《커리어 그리고 가정》에서 노동이 구조화되어 있는 방식이 변해야 한다고 강조했다. 구체적으로, 유연한 일자리를 더 많이, 더 생산적으로 만들어서 유연한 일자리를 선택할 수밖에 없는 여성들이 더 높은 급여를 받게 해야 한다는 것이다. 그리고 국가가 나서서 육아에 적극적으로 개입해야 한다. 예를 들어, 아동 돌봄 서비스를 더 적극적으로 제공해서 가정의 육아 부담을 덜어주어야 한다는 것이 그녀가 제안한 해결책이다.

골딘이 주장한 대로 노동시장과 돌봄이라는 시스템 자체를 바꾸는 것은 맞지만, 동시에 국가와 기업 수준에서 해결해야 하는 거대한 일이다. 그렇기에 개인인 우리가 할 수 있는 일은 많지 않아 보인다. 하지만, 최근에 발표된 한 연구는 우리 개인들이, 특히 오늘날 리더 포지션의 대부분을 차지하고 있는 남성들이 성별 임금격차를 해소하기 위해서 무엇을 할 수 있는지 실마리를 제공한다.

연구진은 부부 각자가 가진 전통적 성 역할에 대한 순응도가 각자의 상대적인 소득수준에 어떤 영향을 미치는지에 대해 조사했다. 전통적인 성 역할에 대한 순응도는 '전통적 가치 중시: 남성은 일에, 여성은 가정에 집중해야 한다고 생각함'과 '현대적 가치 중시: 성별에 따른 구분은 없다고 생각함'으로 구분했다. 그렇다면 어느 경우에 남편이 부인보다 돈을 더 많이 벌고, 반대로 어느 경우에 부인이 남편보다 돈을 더 많이 벌까?

연구자들이 미국과 영국의 맞벌이 부부 225쌍을 대상으로 설문을 하고 분석한 결과, 다음 세가지 사실을 밝혀냈다.

(1) 맞벌이 부부 양쪽 모두 성 역할에 대한 전통적인 가치를 가지고 있을 경우, 남편의 급여가 부인에 비해 상대적으로 더 높다.

(2) 맞벌이 부부 모두가 성 역할에 대한 현대적인 가치를 가지고 있는 경우, 부부의 소득이 서로 비슷하거나 부인의 급여가 상대적으로 더 높다.

(3) 맞벌이 부부 중 부인이 성 역할에 대한 전통적인 가치를 가진 반면 남편은 현대적 가치를 가진 경우, 남편의 급여가 부인에 비해 상대적으로 더 높다.

이를 정리하면, 맞벌이 부부 중 남편은 부부 두 사람 모두 혹은 부인 혼자 전통적인 성 역할 규범을 중시하는 경우에 부인보다 더 많이 돈을 벌며, 부인은 부부 모두가 현대적 가치를 가지고 있을 때, 즉 둘 다 전통적인 성 역할에 얽매여 있지 않을 때만이 남편보다 더 많은 돈을 번다는 사실을 알 수 있다.

우리나라의 맞벌이 가구 비중은 46.1%로 역대 최고 수준으로 높아졌다. 연령대별로는 40대와 50대 부부 중 55.2%가 맞벌이를 하고 있으며, 30대 부부도 54.2%로 조사됐다. 맞벌이를 하는 여러가지 이유가 있겠지만 가정의 총수입을 늘리는 게 주된 이유일 것이다. 아쉽게도 이 연구에서는 어떤 경우에 가구당 총소득이 가장 높은지를 밝히지는 않았다. 하지만 잘 생각해 보면, 앞의 (2)번의 경우가 그 가능성이 가장 높다는 것을 추정해 볼 수 있다. 만약 세 가지 경우((1), (2), (3)) 모두에서 남편 월급에는 차이가 없다면, 아내가 남편과 비슷하거나 더 높은 월급을 받을 때 가계의 총 월수입이 가장 높기 때문이다. 다시 말해, 부부 두 사람 모두가 전통적인 성 역할 규범에 얽매여 있지 않을 때 가구 총수입이 커질 가능성이 가장 높다.

이 연구는 성별 임금격차를 해소하기 위해서는 남편의 역할과 가치관이 여성보다 더 중요하다는 것을 보여준다. 연구진은 위에서 검증한 (1), (2), (3)의 세 가지 이외에도 "맞벌이 부부 중 남편이 성 역할에 대한 전통적인 가치를 가진 반면 부인은 현대적 가치를 가진 경우, 부부의 소득이 서로 비슷하거나 부인의 급여가 상대적으로 더 높다"는 가설도 증명하려고 했지만 실패했다. 아무리 부인이 현대적 사고를 가지고 있더라도 남편이 전통적 사고를 고수한다면 부인의 소득이 높을 수 있다는 것을 증명하는 데는 실패한 것이다.

이 연구를 통해 우리가 내릴 수 있는 결론은 여성들이 전통적인 성 역할 규범에 대한 고루한 가치관을 벗어 던지거나 혹은 더 적극적으로 커리어를 쌓도록 노력해야 한다는 것이 아니다. 남성들이 현대적 가치를 가질 때, 즉 자신이 가진 성 역할에 대한 보수적인 사고 방식이나 고정관념을 바꿔야만 성별 임금격차가 해소된다는 것이다.

80여 년이 지나고 맞벌이 부부의 비율이 절반을 넘어서고 여성 직장인들의 평등에 대한 연구가 노벨경제학상을 받은 요즘 시대에 남성 리더들과 남성들이 선택하고 실천할 수 있는 일은 자신의 가치관과 자신을 세상의 변화에 발 맞추어 변화시키는 것임을 잊지 말자.

KEYWORDS

추진력

**조직운영
능력**

권한위임

25장

그로브스는
빌어먹을 놈이지만
솔직했다

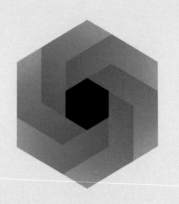

chapter. 25

맨해튼 프로젝트를 주도한 그로브스와 오펜하이머는 종종 '이상한 커플', '예상치 못한 한 쌍', '다이나믹 듀오', 심지어 '고질라와 햄릿' 등으로 묘사된다. 이 표현들은 두 사람의 배경과 성격이 얼마나 달랐는지 잘 보여준다. 전형적 군인인 그로브스는 매우 엄격하고 저돌적인 성격을 가졌지만, 프로젝트 초창기의 오펜하이머는 전형적인 물리학자로 지적이고 내향적이며 예민한 성격을 가지고 있었다. 그 두 사람은 성격뿐 아니라 사람을 대하는 태도나 리더십 스타일도 완전히 달랐다. 그런데도 불구하고 그 둘이 서로를 보완하며 함께 맨해튼 프로젝트라는 엄청난 과제를 성공적으로 이끌었다는 사실은 매우 흥미롭다.

그로브스의 역할은 로스앨러모스 연구소에서 핵폭탄 제조를 관리/감독하는 것만이 아니라, 미국 각지에서 진행된 맨해튼 프로젝트의 보안은 물론이고 핵폭탄 제조에 필요한 모든 물적·인적 자원의 운영과 관리를 포함한 프로젝트 전반을 모두 책임지는 것이었다. 핵폭탄 제조라는 맨해튼 프로젝트의 핵심적인 미션은 로스앨러모스 연구소의 책임자였던 오펜하이머가 맡았지만, 로스앨러모스에서 진행된 '프로젝트 Y'가 맨해튼 프로젝트의 하위 프로젝트라는 점에서 그로브스는 오펜하이머의 실질적인 상관이었다.

레슬리 그로브스가 맨해튼 프로젝트의 총책임자로 임명된 이유를 크게 두 가지로 정리해 볼 수 있다. 첫째, 당시 그로브스는 이전에 맡은 군사적 임무와 프로젝트들을 모두 성공리에 마쳤다는 좋은 평가를 받고 있었다. 아직도 미국 국방부 본부인 독특한 오각형 형태의 펜타곤은 그로브스의 지휘 아래 불과 2년 남짓한 기간 동안 완공된 건물이다. 1941년, 제2차 세계대전의 영향으로 미국 국방부는 그 규모를 확장해야만 했고, 수도인 워싱턴 D.C. 근교에 새로운 국방부 건물을 건설하기로 결정했다. 국방부 새 본부는 복잡하면서도 효율적인 구조로 지어져야 했기 때문에, 이를 감독하기 위한 책임자로 이전에 공병대가 주도한 수많은 대규모 공사와 프로젝트를 성공적으로 이끌었던 그로브스가 임명되었다. 그는 엄청난 능력과 노력으로 1943년 초에 펜타곤을 완공시켰다. 미국의 육군사관학교인 웨스트 포인트를 졸업한 공병대의 다른 장교들과는 다르게 공학 최고 명문인 MIT를 졸업한 그로브스의 공학 지식과 전문성도 한몫했을 것이다.

두 번째 이유는 그의 조직운영 및 사람 관리에 관한 것이다. 당시 그는 프로젝트 조직을 효율적으로 운영하는 것으로 유명했다. 예를 들어, 그로브스는 자신이 맡은 프로젝트에서 총책임자인 자신과 특정 세부과제를 맡은 실무책임자 사이에 있는 계층이나 중간 관리자 수를 최소한으로 유지했다. 그리고 실무책임자나 현장감독자에게 모든 권한과 책임을 위임했다. 그런데, 이런 전권 위임 방식의 조직 운영이 효과를 보기 위해서는 그 권한을 받은 실무책임자의 역량이 매우 뛰어나야 한다. 여기에서 그의 또 다른 능력이 빛을 발하는데, 로스앨러모스 연구소장으로 오펜하이머를 깜짝 등용해서 프로젝트를 성공시킨 것처럼 그로브스는 자신이 일을 믿고 맡길 만한 적임자를 고르는 데도 일가견이 있었다.

　그런데 함께 일한 사람들의 그로브스에 대한 평은 극과 극을 달렸다. 그를 아주 좋아하거나 아니면 아예 싫어했지 그를 중립적으로 평가하는 사람은 아무도 없었다. 그 이유는 다음과 같다. 업무에 대한 위임을 중시한 그로브스는 자기가 권한과 책임을 쥐어 준 사람들에게 스스로 판단하고 결정을 내릴 수 있는 자유를 철저히 보장했다. 그 위임받은 권한 안에서 자유와 책임의 균형을 맞추면서 성과를 내는 이들은 그로브스를 좋게 생각했을 것이다. 여기에서 흥미로운 것은, 자신의 기대에 부응하는 사람들에게조차 그로브스는 직접적이거나 공식적으로 칭찬을 하지는 않았다는 사실이다. 대신 그로브스는 날카로운 유머 감각으로 다른 이들의 외모나 취미, 그리고 특히 테니스 실력같은 일상적인 주제로 이야기를 나누면서 그들을 신뢰하고 있다는 것을 간접적으로 표현했다고 한다.

하지만 그로브스는 기대에 부응하지 못하는 사람들에게는 가혹하게 굴었다. 예를 들어, 자신이 시킨 일을 제대로 하지 못한 한 소령을 저 멀리 알래스카 근처의 알루샨 열도로 전출시켜 버리기 위해 다음과 같이 명령했다. "인사장교, 내일 그 인간이(현재 근무지인) 워싱턴 D.C.에서 지는 해를 보지 못하게 해 버려. 지금 당장 내 지시에 따르도록." 다행히도 그 명령이 실행되지는 않았다고 한다.

그로브스는 카리스마 넘치는 리더기도 했다. 특정 과업에 문제가 생겨서 실무책임자와의 전화통화나 업무보고를 통해 만족할 만한 대답을 얻지 못하면, 그는 바로 다음날 현장에 나타나서 직접 진두지휘했다. 그리고 그가 현장을 떠날 때쯤이면 많은 문제나 장애물이 해결되어 있었다. 어떤 사람들은 이런 그로브스의 탁월한 조직운영 능력을 보고 그를 존경했지만, 또 다른 사람들은 그의 카리스마에서 느껴지는 위압감과 두려움으로 인해 그를 따르기도 했다.

사실 그로브스는 그의 강한 성격 때문에 적도 많았다. 그로브스를 맨해튼 프로젝트의 총책임자로 임명한 사람은 당시 육군 공병대 사령관이었던 브레혼 소머벨 장군과 기술총괄을 맡고 있던 빌헬름 슈타이어 장군이었다. 당시 그로브스는 대령으로 진급한 지 1년 밖에 되지 않았고*, 그리고 무엇보다도 그로브스에 대한 호불호가 갈

---

* 그로브스의 특이한 이력 중 하나는 그가 1940년 7월에 소령으로 진급하고 바로 4개월 뒤인 1940년 11월에 대령 진급 예정의 지위를 얻었다는 사실이다. 소령과 대령 사이의 중령 계급을 뛰어넘은 것도 놀랍지만, 4개월 차 소령이 대령 진급이 확정된 이유는 더 놀랍다. 당시 공병부의 주요 공사 프로젝트 전체를 총괄하게 된 자신의 임무를 고려했을 때 대령 계급으로 일하는 것이 더 좋지 않겠냐며 먼저 그로브스 자신이 의견을 냈고, 당시 공병대의 지휘관들이 그의 건의를 승인해 주었다.

리는 평가로 인해 일부 장성들과 같은 계급의 대령들은 왜 하필이면 그 중요한 프로젝트의 책임자가 그여야만 하는지 의문과 이의를 제기했다. 그런데 그로브스는 군대에서의 서열이나 계급이 그 사람이 가진 능력과 성과를 그대로 반영하는 것은 아니라고 믿었다. 비록 자신보다 계급이 높은 상관들이나 같은 계급의 동료일지라도, 만약 그 사람의 성과가 부족하거나 무능하다고 생각하면 그들을 존중하지 않았다. 반대로 능력이 된다고 생각하면 계급과는 상관없이 더 많은 임무와 권한을 주었기 때문에, 계급과 서열을 까다롭게 따지는 군대에서 자기들이 보기에 튀는 행동을 하는 그로브스를 못마땅해 하는 사람은 많았을 것이다.

영화 〈오펜하이머〉에서도 그로브스의 직설적이고 남의 눈치를 보지 않는 성격을 보여주는 몇몇 장면들이 있다. 그 중 그로브스와 오펜하이머가 처음으로 만나는 장면을 살펴보자.

영화 〈오펜하이머〉 중 한 장면(일부 각색)

오펜하이머가 UC 버클리의 자신의 연구실에서 일하고 있을 때, 두 명의 군인, 그로브스와 그의 부관인 케네스 니콜스가 들어온다.

그로브스 오펜하이머 박사, 나는 그로브스 대령입니다. 이 옆은 니콜스 중령 (자신의 제복 상의를 벗어 니콜스에게 건네며) 이거 드라이 맡겨.

(니콜스는 못마땅한 표정을 지으며 제복을 받아 들고 자리를 뜬다)

오펜하이머 중령을 그렇게 대하시면 일개 물리학자한테는 어떻게 대하실지 좀 무섭네요.

그로브스 당신이 일개 물리학자는 아니잖소.

이 장면에 등장하는, 그로브스의 보좌관으로 오랫동안 일한 니콜스는 자신이 직접 쓴 책에서 그로브스를 자신감이 넘치지만, 무자비하고, 이기적인 사람으로 묘사했다. 하지만 한편으로는 나중에 자신이 맨해튼 프로젝트 같은 일을 다시 해야만 한다면, 다시 한번 그로브스를 자신의 상사로 모실 것이라고 하면서 그로브스가 가진 의심할 여지없는 능력에 진심 어린 찬사를 보냈다.

비록 그로브스가 따뜻한 리더십으로 모든 사람들에게 존경을 받는 덕장은 아니었지만, 그가 가진 추진력과 일하는 능력, 그리고 무엇보다도 관습이나 형식에 구애받지 않고 철저하게 능력을 중심으로 사람을 고르는 능력은 높게 평가받아 마땅하다. 그의 이런 실리적 마인드가 많은 이들의 반대와 우려에도 불구하고 핵폭탄 제조의 총책임자로 오펜하이머를 발탁하는데 영향을 미쳐서, 결국 오펜하이머와의 파트너십을 통해 핵폭탄 개발을 성공시킬 수 있었던 큰 밑거름이 되었다.

1954년에 열린 오펜하이머의 에너지위원회 보안청문회에는 그로브스 역시 증인으로 불려와 진술을 한다. 맨해튼 프로젝트에서 가깝게 일한 오펜하이머가 프로젝트 도중 스파이 활동을 포함한 이적행위를 했다거나 보안을 위반한 적이 있는지 확인하기 위해서였다. 당시 그로브스는 전역을 한 상태였지만, 늘 "내 조국은 항상 옳다"라고 말했던 사람이기도 했거니와, 반공산주의 광풍이 몰아치던 당시 분위기를 고려한다면, 과거의 인연과는 상관없이 오펜하이머에게 불리한 증언을 할 수도 있던 상황이다. 그로브스는 이미 오펜하이머가 과거에 문제 소지가 될 만한 친공산당 행적을 가지고 있다는 사실과 맨해튼 프로젝트 진행 중에 공산당원이자 과거 연인이던 진 태트록을 만나는 등 보안 규칙을 엄격하게 지키지 않았다는 사실을 알고 있었다.

물론 그로브스는 청문회 증언을 통해 프로젝트에서 보안이 얼마나 중요했는지와 오펜하이머의 몇몇 행동이 보안에 위반될 소지가 있었다는 사실을 숨기지는 않았다. 하지만 오펜하이머를 불리하게 만드는 결정적인 증언은 하지 않았다. 구체적으로는 오펜하이머의 보안 문제와 관련된 세부 내용들에 대한 공개를 거부하고 말을 아꼈다. 사실 청문회 이전부터 그로브스는 오펜하이머의 이적행위를 밝히려는 정치가들이나 FBI의 수사에 협조하지 않겠다는 입장을 고수하면서 오펜하이머와 신의를 지키려 노력했다. 예를 들어, 아직 그로브스가 군에 근무하고 있던 1946년에 FBI국장이었던 에드거 후버가 그에게 개인적으로 편지를 보내 오펜하이머의 이적행위에 대해 알려 달라고 요청했을 때, "내가 답을 한다면 자신과 오펜하이머의 관계를 위태롭게 만들 것이기 때문에 답변을 거부한다"고 편지에 써서 보냈다. 그는 오펜하이머의 사명감이나 애국심 자체를 의심한 적은 없었던 것 같다. 그리고, 비록 오펜하이머가 과거에 위태로운 행동들을 한 것은 맞지만, 그런 과거의 행적이나 실수가 핵폭탄 개발 성공이라는 오펜하이머의 공을 한순간에 무너뜨릴 만큼 치명적인 문제는 아니었다고 판단했던 것 같다. 하지만 1954년 12월 2일에 내려진 청문회의 최종 결과는 그로브스의 뜻과는 달랐다. 결국 오펜하이머의 보안 인가는 박탈되고 그는 에너지위원회를 비롯한 정부의 모든 요직에서 쫓겨난다.

그로브스는 1967년 오펜하이머가 세상을 떠난 지* 3년 뒤인 1970년 7월에 73세를 일기로 세상을 떠났고, 알링턴 국립묘지에 안장되었다. 그로브스와 오펜하이머는 너무 다른 사람이었고, 또 깊은 우정을 나눈 친구였다고는 말할 수 없다. 하지만 그 두 사람이 서로를 특별한 사람으로 대하고 또 존중하면서 보인 신뢰와 협력 관계는 지금까지도 널리 회자되고 있다.

---

* 참고로 오펜하이머는 후두암으로 62세의 나이로 세상을 떠났다.

다른 선택을
내릴 수 있는
용기

형님, 왜 우산이 되어주지 않으시는 겁니까?

십여 년 전, 같이 프로젝트를 진행 중이던 후배가 내게 울먹이며
말했다. 당시 다소 고압적인 프로젝트 매니저와 그 후배 사이에서
일하고 있던 나는 후배의 말에 아무 말도 할 수 없었다.

내게는 리더십 콤플렉스가 있었다. 아니 지금도 있다. 그렇게 좋
은 후배도 아니었지만, 팀원들이나 후배들이 좋아하는 리더나 존경
받는 선배는 확실히 아니었다. 앞선 후배의 경우도 그렇고, 팀장으
로 일할 당시에는 왜 그렇게 감정이 널을 뛰냐며, 팀원들이 어느 장
단에 맞춰 춤을 춰야 할 지 모르겠다는 독기 어린 피드백도 들어봤
다. 따르는 사람이 많던 동료 팀장에게는 열등감 내지 시기심도 느
껴봤다. 나도 저렇게 되면 얼마나 좋을까, 나도 저럴 수 있을까, 더
좋은 리더가 되려면 어떻게 해야 할까 고민도 많이 했다.

잘하지는 못했지만 관심은 있었으니, 학교에서 리더십을 전공하
게 되었다. 리더십 논문으로 학위를 받았고, 학교에서 리더십을 연
구하고 가르치고 있으며, 리더십을 주제로 종종 칼럼을 쓰기도 한
다. 이렇게 나에게 있어 아직 개척되지 않은 리더십의 영역은 콤플
렉스의 대상인 동시에 탐구의 대상이 되었다.

그래서 "좋은 리더가 되어야만 합니다", "좋은 리더가 되려면 이
러지 마셔야 합니다"라는 내 말과 글들은, 결국 좋은 리더가 아니었
던 그리고 아직 좋은 리더가 되지 못한, 하지만 여전히 좋은 리더가
되고 싶어하는 나 자신에 대한 집착과 스스로에 대한 반성 내지는

원망, 때로는 내가 이렇게 리더십에 대해 이러쿵저러쿵 해도 되는가까지도 뒤섞인 내 복잡한 마음의 표현이다. 이토록 나는 모순적인 사람이고 이 책이 곧 내가 가진 모순의 증거이다.

지금 리더로 일하거나 곧 리더가 될 여러분들은 어떨까? 꼰대가 되기 싫어하고 또 되면 안 되지만, 때로는 어쩔 수 없이 꼰대가 될 수밖에 없는 현실을 살아간다. 더 좋은 리더가 되면 더 높은 성과도 기대할 수 있고 또 만족스러운 직장생활을 할 수 있다고 배웠지만, 직장에서는 리더십 말고도 신경 써야 할 것들이 차고 넘친다. 그리고 내 리더십을 온전히 평가할 수 있는 사람은 부하직원들밖에 없다는 걸 알지만, 타인에게 평가받고 정의 내려지는 게 얼마나 괴로운 일인지 너무나도 잘 안다. 그리고 이 책에 나온 것들에 일부 동의하기도 하지만, 동의할 수 없거나 아니면 자신이 처한 상황 속에서는 실천하기 불가능하다는 생각을 할 수도 있다. 만약 이런 내 추측이 틀리지 않다면, 이건 여러분들이 가졌거나 처한 모순성과 모순적인 상황에 대한 증거이다.

이렇게 우리는 모두 모순적이다. 그런데 이 모두가 공평하게 처해 있는 모순을 받아들이는 자세는 좀 다른 것 같다. 크게는 모순을 인정하는 사람과 인정하지 않는 사람들이 있다. 모순을 인정하는 이들은 그 모순과 균열이 발생하는 이유에 대해 고민하면서 그 균열을 조금이라도 더 메꾸거나 아니면 모순된 것들 사이에서 새로운 균형을 찾아가면서 자신의 모순을 극복하려고 노력한다. 하지만 모순을 인정하지 않고 무시하거나 숨기는 이들은, 다시 말해 자신의 결함을 직시하지 않는 이들은 남들에게는 물론이고 스스로에게 솔직하지 못한 사람들이다. 자신의 치부를 포함한 현실과 마주하지 않았기 때문에 이들에게 성장을 기대하기는 어렵다.

진실로 성장하기를 원한다면 자신의 모순을 이해하고 받아들이는 과정을 겪어내야만 한다. 자신의 내면과 자신의 삶 속에서의 실수나 오판에 대해 후회하고 그 이유에 대한 진지한 성찰을 해내야만 한다. 더 나은 사람이, 더 나은 리더가 되기를 원한다면, 모순과 인정이라는 촉매제를 통해 변화를 만들어 내고 지속시켜야 한다.

이것으로 리더십 콤플렉스가 있는 사람이 리더십에 대한 책을 쓴다는 모순이 설명되었기를 바란다. 그리고 여전히 부족한 나 자신을 확인하고 인정하는 쉽지만은 않았던 과정이 여기에서 끝나지 않기를 바란다. 한가지 더 욕심을 부리면, 독자분들 역시 이 책을 살펴봐 주신 노력을 통해 더 나은 한 사람이, 더 나은 리더가 되실 수 있기를 바라본다.

참고문헌

단행본

- 카이 버드, 마틴 셔윈, 《아메리칸 프로메테우스》, 최형섭 옮김, 사이언스북스, 2010.
- Yuki, G. (2013). *Leadership in organizations (8th ed.)*, Upper Saddle River, NJ: Pearson.
- Monk, R. (2014). *Robert Oppenheimer: A life inside the center*, Anchor.
- Goleman, D. (1995). *Emotional intelligence: Why it can matter more than IQ*, Bantam Books, Inc.
- Smith, A. K., & Weiner, C. (Eds.). (1980). *Robert Oppenheimer, letters and recollections*, Harvard University.
- Davis, N. P. (1968). *Lawrence and Oppenheimer*, Simon and Schuster.
- Rhodes, R. (1986). *The making of the atomic bomb*, Simon & Schuster.
- Drucker, P. F. (2020). *The essential drucker*, Routledge.
- Lindholm, C. (1990). *Charisma*, Basil Blackwell.
- Haakon Chevalier, (1965). *Oppenheimer: The Story of a Friendship*, George Braziller.
- Brown, J. M. (1956). *Through these men: Some aspects of our passing history*, Harper.
- Chandler, A. D. (1962). *Strategy and structure: Chapters in the history of the industrial empire*, MIT Press.
- Stanislaw Ulam. (1976). *Adventures of a Mathematician*, Charles Scribner's Sons.
- Oppenheimer, J. Robert (1955). *The Open Mind*, Simon and Schuster.
- Goodchild, P. (1980). *J. Robert Oppenheimer: Shatterer of worlds*, Houghton Mifflin.
- Palevsky, M. (2000). *Atomic Fragments: A Daughter's Questions*, University of California Press.
- Bethe H. A. (1967). *in Oppenheimer*, Scribner.
- Davis, N. P. (1968). *Lawrence and Oppenheimer*, Simon and Schuster.
- Bethe, H. A. (1991). *The road from Los Alamos*, American Institute of Physics.
- Stern, M. Philip (1969). *The Oppenheimer Case: Security on Trial*, Harper & Row.
- Bernstein, J. (1993). *Cranks, Quarks, and the Cosmos: Writings on Science*, Oxford University Press.
- Bohr, N. H. D. (1967). *Niels Bohr: His life and work as seen by his friends and colleagues*, North-Holland.
- Rhodes, R. (2012). *The making of the atomic bomb*, Simon and Schuster.
- Pais, A. (1991). *Niels Bohr's times: In physics, philosophy, and polity*, Oxford University Press.
- Kevles, D. J. (1995). *The physicists: The history of a scientific community in modern America*, Harvard University Press.

- Rabi, I. I. (1960). *My life and times as a physicist*, Claremont College.
- Holton, G. J. (2000). *Einstein, history, and other passions: The rebellion against science at the end of the twentieth century*, Harvard University Press.
- Server, R. (1969). *Oppenheimer: The story of one of the most remarkable personalities of the 20th century*, Charles Scribner's Sons.
- Wilkinson, A., Dundon, T., Donaghey, J., & Freeman, R. (2014). *The handbook of research on employee voice*, UK: Elgar Press.
- Hirschman, A. O. (1970). *Exit, voice, and loyalty: Responses to decline in firms, organizations, and states*, Harvard University Press.
- Goldin, C. (2021). *Career and family: Women's century-long journey toward equity*, Princeton University Press.
- Gribbin, J. R. (2000). *Q Is for Quantum: An Encyclopedia of Particle Physics*, Touchstone.
- Kevles, D. J. (1995). *The physicists: The history of a scientific community in modern America*, Harvard University Press.
- Rabi, I. I. (1970). *Science: the center of culture*, World Publishing Company.
- Bernstein, J. (2004). *Oppenheimer: Portrait of an enigma*, Ivan R. Dee.

논문·보고서

- 최재천, "생명의 본질과 지식의 통섭", 2008
- Pfeiffer, S. M., & Wong, P. T. (1989). "Multidimensional jealousy", *Journal of social and personal relationships*.
- Owens, B. P., Johnson, M. D., & Mitchell, T. R. (2013). "Expressed humility in organizations: Implications for performance, teams, and leadership", *Organization Science*.
- Salovey, P., & Mayer, J. D. (1990). "Emotional intelligence", *Imagination, cognition and personality*.
- Bryman, A. (2004). "Qualitative research on leadership: A critical but appreciative review", *The Leadership Quarterly*.
- Hirschfelder, J. O. (1980). "The scientific and technological miracle at Los Alamos" In L. Badash, J. O. Hirschfelder, & H. P. Broida (Eds.), *Reminiscences of Los Alamos*, D. Reidel
- Bethe, H. A., & Christy, R. (2000). "Oppie's colleagues affirm his leadership in Manhattan Project [Letter to the editor]", *Physics Today*.
- Wilson, R. R. (1975). "A recruit for Los Alamos". *Bulletin of the Atomic Scientists*.
- Thorpe, C., & Shapin, S. (2000). "Who was J. Robert Oppenheimer? Charisma and complex organization", *Social Studies of Science*.

- Hall, D. J., & Saias, M. A. (1980). "Strategy follows structure!", *Strategic Management Journal*.
- Hijiya, J. A. (2000). "The "Gita" of J. Robert Oppenheimer", *Proceedings of the American Philosophical Society*.
- Thorpe, C., & Shapin, S. (2000). "Who was J. Robert Oppenheimer? Charisma and complex organization". *Social Studies of Science*.
- Walumbwa, F. O., Avolio, B. J., Gardner, W. L., Wernsing, T. S., & Peterson, S. J. (2008). "Authentic leadership: Development and validation of a theory-based measure", *Journal of Management*.
- Yukl, G. (1989). "Managerial leadership: A review of theory and research", *Journal of Management*.
- Hunter, S. T., & Cushenbery, L. (2011). "Leading for innovation: Direct and indirect influences", *Advances in Developing Human Resources*.
- Hunter, S. T., Thoroughgood, C. N., Myer, A. T., & Ligon, G. S. (2011). "Paradoxes of leading innovative endeavors: Summary, solutions, and future directions", *Psychology of Aesthetics, creativity, and the arts*.
- Goldberg, S. (1995). "Groves and Oppenheimer: The story of a partnership". *The Antioch Review*.
- Park, J. G., & Zhu, W. (2017). "Shared leadership in teams: A qualitative analysis of theoretical themes, antecedents, and outcomes", *Academy of Management Best Paper Proceedings*.
- Steed, L. B., Dust, S. B., Rode, J. C., & Arthaud-Day, M. L. (2023). "Relative income and value congruence in dual-income couples", *Journal of Organizational Behavior*.
- Goldberg, S. (1995). "Groves and Oppenheimer: The story of a partnership", *The Antioch Review*.
- Heisenberg W. (1925), "Über quantentheoretische Umdeutung kinematischer und mechanischer Beziehungen", *Zeitschrift für Physik*.
- Rigden, J. S. (2000). "Isidor Isaac Rabi, 29 July 1898 · 11 January 1988". *Proceedings of the American Philosophical Society*.
- Bacher, R. (1972). "Robert Oppenheimer (1904-1967)". *Proceedings of the American Philosophical Society*.
- Robert R. Wilson (1971). "The Conscience of a Physicist", *Bulletin of the Atomic Scientists*.

언론

- 정시우 "크리스토퍼 놀란이 그려낸 〈오펜하이머, 이토록 모순적인 인간〉", 시사저널, 2023. 8. 19.

- 박재홍, "영화 '오펜하이머' 3가지 감상 포인트, 모순·놀란·시간", 노컷뉴스, 2023. 8. 19.
- "2023년 100대 기업 인재상 보고서", 코참넷, 2023. 1. 31.
- 윤수정, ""악, 내 손발" "분석 멈춰" 2030은 MZ세대 열풍이 불편하다", 조선일보, 2021. 10. 25.
- 최예린, "30년을 한데 묶은 MZ세대, '억지 밈'일 뿐", 한국경제, 2021. 10. 11.